恩地祥光
Yoshimitsu Onji

昭和のカリスマと呼ばれた男

中内㓛のかばん持ち

プレジデント社

はじめに

二〇一三年三月二七日、イオングループはダイエーを子会社化すると発表した。記者会見で岡田元也社長は「かつてはライバルだったが、恩讐を超えて交われば、大きな効果を出すことができる」とコメントした。岡田社長の胸の内には、複雑な思いが去来したことだろう。

わたしは、中内㓛さんが生きていたら何とコメントされただろうと考えた。

「イオンが経営するダイエーて、そら理屈に合わんでしょ。岡田さんに言うて、ダイエーの看板を全部外してもろてください」

経営理念や業態・コンセプトというものを過度に重視してこられた中内さんなら、公式コメントは当然控えられたと思うが、恐らくこんな感じで身近な人に呟かれたのではないだろうか？

それにしても、中内さんとはどんな人だったのか？　二〇〇五年に亡くなられているため、多くの人にとっては過去の人、いわば〝セピア色の写真〟のような存在かもしれない。

しかし、わたしは今回の歴史的節目に、セピア色の中内さんをアルバムから取り出して、〝カラー写真〟に焼き直して見なおしてみたいという思いにかられた。

日本で最初に自らを「ＣＥＯ」と名乗った人、それが中内㓛さんである。ＣＥＯ、すなわち最高経営責任者。

中内さんは、かねてよくこんなことを言っていた。

「社長や部長といった『長』と呼ばれる人間になっても、そんなもんはどこにでもおる。石を投げたら大体『長』の名刺を持っとる奴に当たるもんや。むしろ『者』の付く人間にならなあかん。芸者、役者、経営者、学者、みんな誰でもなれるもんやない。芸者でも役者でも、お座敷や舞台にお呼びがかからんようになったら引退や。経営者も一緒やで。体張ってやってるから魅力的なんや」と。

そんな中内さんがＣＥＯと呼ばれ始めたのは、わたしが秘書になった一九八二年頃、当時の秘書課長の赤羽女史が中内さんに伝言するためのメモ用紙に、「Ｔｏ．ＣＥＯ」という書き出しを印刷したのが始まりである。海外出張から帰ってきた中内さんが、「ＣＥＯという名称は商法上どうなんや？（使えるんか？）」と問いかけたのに対して「とりあえず」という形で呼応したのだ。ここから「ＣＥＯ」は社内外に〝普及〟していった。「Ｃ

EOって呼ばれると、ちょっとうれしいみたい」と赤羽さんは言っていたものだ。

中内さんは、「ダイエーの創業者」であり「流通革命の第一人者」「強い志を持ったオーナー経営者」であった。そしてあるときは「哲学者」のような側面もあった。加えて、我々戦後の人間には計り知れない「戦争経験者」でもある。中内さんにまつわる「者」は、そのままそれが中内さんの生き方であり、歴史だった。

一方で、とにかく中内さんは一筋縄ではいかない。偏屈で天邪鬼、背も低く、ずんぐりむっくりで顔も悪い（失礼ながら！）。しかしどこか面白さがあり、憎めない。不思議な魅力がある。「え〜っ！　そんなひどい仕打ちを受けたの？」というような悲惨な目にあった人でさえ、後に中内さんの話になるとしかめ面をしながらも目を輝かせ、中内さんと共に働き、あるときは一戦を交えた時代があったことを人生の勲章にしていることを隠し切れない様子を見せるのだ。

このように、人々の心を揺さぶり、多くの人に愛されしかし時として憎まれ、絶賛され疎んじられた中内さん。自分に対する評価が二分三分するのも意に介さない豪傑なのかと思いきや、実はそれを気にしてウジウジしている。しかし、実現不可能と思えるようなことに果敢に挑戦し、やってみせる。本当に複雑で予測がつかない。中内さんが自称する「カオス」（混沌）とはこういうことなのか。

このような『長』ではない『者』――本当の意味での大物ＣＥＯ――は今後この日本に出てくるのだろうか？　恐らく、大変残念ではあるが、出てこないと思う。中内さん以上に金儲けする人、中内さん以上に理路整然と経営について語れる人、こうした人は今後も出てくることだろう。しかし、戦後裸一貫から身を起こし、流通業を基軸として第一次産業から第三次産業に至るまで日本経済全体に大きな影響を及ぼし、かつ生活者の意識や価値観をも変革した中内さん。こんな経営者はもはや出ないであろう。

「ところで、中内さんてどんな人だったんですか？」これだけ多くの、いわゆる「中内本」が世に出回っているにもかかわらず、わたしがかつて中内さんの秘書をしていたことを知ると、必ずこういうふうに聞かれるのは不思議な感じがする。多くの人が、今でも何となく中内さんのことが気になっている。その華々しい成功と晩年の凋落の原因は何だったのか。

確かに最終的には産業再生機構のお世話になった。しかし、「最終的に失敗した人」では片付けられない何かがあるが、それが何なのか。一方で、仮に今元気で生きておられたら、この難しい局面でも何か起死回生の一策をやってくれたのではないだろうかというほのかなノスタルジー。こんな複雑な思いが交錯しているのかもしれない。

中内さんに関する生い立ちや、サクセスストーリー、そして失敗に至る晩年については、多くの「中内本」が饒舌に語っている。『カリスマ』（佐野眞一著）のような渾身の一作もある。しかし、中内さんはカオス。一冊ではまだその「素顔」は描き切れるものではない。

わたしは、「中内㓛とはこんな人」という決め付けはしない。中内さんのベンチャー魂・理念優先の考え方・紆余曲折はあるものの最終的には自分の信念を貫いた生きざま、一方で関西人特有の面白おかしさや良い意味での〝いかがわしさ〟などを感じ取っていただければと個人的には思っているが、むしろ、わたしが二〇年あまり傍で経験し、備忘録として書き留めていた中の興味深いエピソードのいくつかを読んでいただき、そこから読者なりの中内像を〝文学的に〟思い巡らしてほしい。「ああ、中内さんって、こんな経営者だったんだ」と。

刊行に寄せて（二〇〇五年一一月二〇日「中内㓛氏を偲ぶ会」でのスピーチから）

柳井　正
ファーストリテイリング会長兼社長

流通業のスターよ、永遠なれ

私が中内さんとお会いしたのはパーティーで一度だけです。それまでぜひお会いしたいと思っていました。我々の若い頃、あるいは小さい頃から、中内さんは日本の小売業のスターだったと思います。

そのころは日本の小売業は全盛期だったのではないかと思います。戦後復興から日本経済の高度成長へと続き、小売業は日本のリーディング産業の一つだったと思います。ダイエー、西友、ジャスコ、イトーヨーカ堂、ユニー、長崎屋等の大手量販店が爆発的に成長した時期でした。

その時代の最大のスター、成長の立役者が中内さんだと思います。中内さんとダイエーは、日本の小売業に最大の貢献をされたのではないか、特に、小売業の産業化、大型化に大きな功績があったと思います。まさに志や理想を持っていらした。

私はその時代に地方で商売をやっていまして、小売業者にとって、中内さんは一つの目標だったわけです。次に中内さんがどんなことをされるのかということが、すべての小売業者の興味の的だったと思います。気宇壮大な中内さんの言葉を聞いているだけで、光り輝く未来があるように思いました。あのときの怒濤の勢いと使命感があれば、ひょっとしたらウォルマートと同じようになれたのではないかと思います。

今度、ダイエーのロゴマークが変わるということですが、私はオレンジの月が欠けたようなあのマークが非常に好きです。満たされない何か、完成されない何か、そういったものを求めて進んでいるような感じがしまして、大変惹かれます。

中内さんはいろんな言葉を残されましたけれども、その中で一番有名なのが「よい品をどんどん安く」という言葉です。この言葉は小売業の永遠のモットーなのではないかと思います。私どもも、過去からこの言葉を嚙みしめて商売をやってきました。

それ以上に、私には心に残っている言葉がありまして、ハリー・カニンガムというKマートの創業者の言葉を引用されたものですが、「あなたはお客さまに今日何をしましたか」という言葉です。中内さんは、お客さまのニーズがまずどこにあるのか、それを満たすための新しい商売とはどういうものなのか。それを毎日考えられていたのではないかと思います。そして、メーカー主導の世界から消費者主導の世の中へと作り変えようとされてきたわけです。

志半ばで亡くなられて本当に残念です。その遺志は、我々小売業者の後輩が引き継いで、必ず日本の小売業を顧客最優先のリーディング産業にしないといけないと思います。

中内さん、安らかにお休みください。

追悼文集『革命戦士が遺したもの』（商業界）より

「中内切のかばん持ち」◉目次

1988年に開業した新神戸オリエンタルホテル（現・ANAクラウンプラザホテル神戸）で、神戸の街並みとともに写る中内㓛CEO（産経新聞社、1997年撮影）。

1 〝かばん持ち〟前夜——ダイエー一兆円達成

わたしは一九七七年に同志社大学法学部を卒業し、ダイエーに入社した。当時は、オイルショックの余波で採用環境は最悪だったため「ゼロ採用」の企業が続出する、まさに就職氷河期。そんな中でダイエーは珍しく一〇〇名の募集をしていた。わたしは父親のコネで某生命保険会社の内々定をいただいてはいたが、どうもピンと来ていなかった。その会社を訪問した帰りに、説明会の案内をいただいていたダイエーに立ち寄って話を聞いてみた。「これは面白い！」アラスカサーモンの買い付けの話や、牛肉をいかに安く消費者に提供するに至ったかなど、ダイナミックな話題は、某生命保険会社のコネによる内々定を捨て去る決断をするのに十分なものであった。実は当時のダイエーは就職人気ランキングのベストテン前後に位置していたため、生保の内々定を蹴ってダイエーに乗り換えるというのは非常に危険な賭けだったが、何とか採用にこぎつけることができた。

そんな中、神戸の三宮店に配属された。千林の第一号店に続く、第二の創業の地である。

そこで一九八〇年の「売上一兆円達成の瞬間」を目の当たりにした。ダイエーグループのステーキハウス「フォルクス」三宮店に陣取った中内さんが、一兆円達成を告げる電話を受け、受話器を握りしめてVサインをしている写真が残っているが、ダイエーにとってはまさにお祭りの年だった。その年、ダイエーの各売り場では「一兆・吉兆・もう一兆！」という掛け声がBGMとして流れ、一兆円達成の年を盛り上げていた。

しかし、中内さんにとって一兆円はゴールではなかった。フォルクスでのセレモニーでは、中内さんが「一兆円」と書かれた紙を破ると、その向こうに「四兆円」という文字が大きく書かれていた。ダイエーの社員は皆椅子から転げ落ちそうになったものだ。しかし、一兆円では飽き足らず「もう一兆！」という気持ち、これが中内さんなのだ。普通「もう一兆」と言ったら二兆円を連想すると思うが、四兆円とは……。スケールの大きさは生半可じゃない！

2 秘書室着任、そしてご対面

わたしが一九八二年に命じられた秘書室への異動は、まさにお化け屋敷のような不安と恐ろしさが入り混じった世界への入り口だった。当時、本社は大阪府吹田市江坂、中内さんは五九歳だった。六〇歳を目前にした中内さんに、そろそろアテンダー（平たく言えば「かばん持ち」）をつけた方がよいのではないかという人事統括室の温かい配慮（こちらにとっては大変過酷なミッション――えらい迷惑です）により、どういうわけか親子ほども年齢のちがう二六歳のわたしに白羽の矢が立ったのだ。

実は、それまでに短期間ながら前任者がいてアテンダーとして随行したものの、一～二週間程度で中内さんから「君、もうええわ」と同行を拒否されていたそうだ。別にその人が能力的に低かったとか人格的な問題があったとか、そういうものではなかった。何が原因だったかわからないが、いわゆる〝ケミストリー〟が合わなかったのだろう。そうした経緯もあり人事からは「何があっても気にするな。ちゃんと骨は拾ってやるから」と言われていた。本当に気持ち悪いことこの上ない異動だった。

わけもわからず着任したその日、中内さんは海外出張中で不在だった。聞くところによると神戸三宮に新しい業態としてオープンしていたジーニングライフストアの「JOINT」のコンセプトを作った浜野安宏さんとアラスカにサケ釣りに行っているらしい。まあ、偶然とはいえこれも人事の配慮で、せめて心の準備をするためのインターバルを与えてくれたのかもしれない。

しかし、直属の上司にあたる秘書室長の野村昌平専務のところに着任のご挨拶に伺うと、こんなお言葉をいただいた。

「君かあ、今度若いのが一人来ると言ってたのは。大変なところに来たねえ。まあ、せいぜい頑張りなさい」と。しかも他人事のような響きで。

野村専務は、あの老舗百貨店三越の秘書課長を務められてからダイエーにヘッドハンティングされ、ファイトむき出しの社風が特徴のダイエーの社内にあって、表向きは上品で温和、常磐津などの文化的な分野にも大変造詣が深い方だった。ところが内面は非常に激しい、中内さんに辞表を叩きつけたことも二度三度ではない異色の役員だ。野村専務にはその後長年にわたってかわいがっていただき、本当にお世話になるのだが、このときの

「大変なところに来たねえ」はショックだった。うまくいけばお慰み、期待されているとはとても思えないコメントである。「お先真っ暗」とはこんな状態を言うのかとしみじみ思ったものだ。

秘書室に転勤するまでのわたしは、入社直後から前述の通り三宮での店勤務。三宮第五店レジャータイム課のオーディオ・テレビ売り場に配属された。

当時のダイエーは、ブーズ・アレン&ハミルトン社（現ブーズ&カンパニー）のコンサルティングを受け、商品分類を大幅に変えていた。いわゆる「ニューコンセプト」というもので、それまでの「メーカー別の売り場」から「生活シーン別の売り場」に変えるという全く新しい取り組みをしていた。

レジャータイムに分類される商品としては、テレビのほかにオーディオ・おもちゃ・文具・レコードというような余暇に使用するものがラインナップされた。それまでは、例えばテレビは冷蔵庫や洗濯機と一緒に並べられて売られていた。いわゆる「メーカー別の売り場」だったのを、ドラスティックに変革したのがブーズ・アレン&ハミルトン社の勧告だったのだ。

三宮での競合店は星電社で、毎朝偵察に行って価格を覚え、ダイエーの価格をそれ以下に設定するよう上司から指示されていた。根がまじめなもので（？）、これを忠実に実行した。とにかく価格を星電社より安くすることだけに集中して、あとは丁寧に接客することに徹した。もともと家が果物屋で商売大好き人間である。テレビ担当としての売上予算を運のいいことに18ヶ月も連続で達成することができた。「商売の極意」の一端を実感したような三宮店での勤務だった。

その後本社に転勤になり、人事労政グループの健康保険組合に所属して従業員の健康管理や福利厚生の仕事をしたが、そのときに中内さんの顔を至近距離で見る経験をする。

中内さんと面談中の販売促進部長が突然クモ膜下出血で昏倒したため、現場に駆けつけなければならなかったのだ。倒れられた販促部長は酒井清さんといって、出は生八つ橋で有名な「おたべ」の次男さんだ。やることなすことすべて洗練されていて、格好いい。しかも根っからの商売人である。一兆円達成の年の店内BGM「一兆、吉兆、もう一兆！」は酒井さん作である。中内さんが次期役員にと目っコをつけていた文句なしの超有望株だった。それだけに中内さんの荒れようは異常なものだった。名前も知らないわたしをはじめ、その場にいた社員一人ひとりは「もし酒井君を助けられなんだら、君らみなクビやからな。覚えとけよ！」と怒鳴られた。もの凄い形相で睨まれたのだ。

その後、大変残念ながら酒井さんは亡くなられてしまい、ダイエーから貴重な人材が失われてしまった。秘書室に着任するにあたって、このことも心に引っかかった。中内さんは、「クビだ！」と怒鳴ったわたしの顔を覚えているのではないかと。松本清張の『顔』という小説で犯人があばかれる場面を思い出して恐怖に駆られ、何とか元に戻れないものか人事統括室長の鈴木達郎さんにお願いしに行ったが、「そんなもん、覚えてるわけないやないか。しょうむないこと言うてんと、男やったら勝負せんかい！」と逆に活を入れられ却下された。

もはや、屠り場に向かう牛のような状況に追い込まれてしまった。

いよいよ中内さんが帰国し、着任挨拶をするときとなった。秘書課長の赤羽さんは有名な画家の娘さんで、中内さんが信頼し心を許している数少ない社員の一人だ。少し心配げだったが、中内さんのデスクの前のところまで付き添いわたしを紹介してくれた。

中内さんはといえば、ちょっと恥ずかしそうな感じで「君、前は健保組合で健康管理の仕事しとったんか。あんまり活躍してへんかったようやなあ。まあ、これからは一生懸命頑張ってくれや」と〝励まし〟とも〝期待値が低い〟とも取れるコメントをされた。

どうやら、わたしの顔は覚えておられないようだ！　気にかかっていたことが払拭され、少々気が楽になり冷静さを取り戻した。それで、「健保組合では保健婦を採用して健康管理の意識を向上させ、健康診断の受診率を九五％まで引き上げました」というようなことを話して自分なりに頑張ったんだということをアピールしつつ、中内さんを観察した。

初めて一対一で話して感じた中内像は、意外にも「思ったより上品な方だなあ」というものだった。酒井さんが倒れたあの日の顔はどこへいったのか。巷間言われている「価格破壊者」「強引」「えげつない」（これ以上言うとクレームがつくのでやめときます）というイメージは全くなく、確かに顔は一度見たら絶対忘れないほど凄いものだったが、言葉やしぐさから受けたのは「この人、まじめで育ちのいいボンボンとちゃうやろか。ええ人かもしれない」という印象だった。

こんな一言で片付けられるような人ではないことは、後日いやというほど思い知らされるのだが……。

3　ドタバタ〝かばん持ち〟のスタート

さて、仕事である。アテンド（随行）するといってもただ中内さんに付いていればいいんだろうか。中内さんが出張中に赤羽さんからオリエンテーションは受けたが、業務については「何か言われたら、それに対応したらいいから。あせらずに」ということだった。

しかし、直近「君、もうええわ」と言われてアテンドできなくなるきっかけとなった〝事件〟の数々を聞くと、事前の周到な準備と車中で過ごす時間をいかに有益なものにするかが勝負のような気がした。車中での中内さんは、日経新聞を熟読するのが習慣だった。それ以外は、あるときは業務上の指示を出したり電話をつないだり、またあるときはランチのサンドイッチを頬張ったりと、なにか適当に雑誌でも読んでいるということで時間をつぶすことはしない方のようである。

さらに、中内さんが新入社員研修や監督者養成講座（これは店の主任になるための二ヶ月にわたる地獄の特訓のようなもので、ダイエーの教育課程のハイライトとなるものだ。わたしも、直前にこの研修を終えていて、てっきり店の主任になるものとばかり思っていたのだ）で訓示を垂れる際に、必ず含めていたのが「情報の重要性」だった。

とにかく中内さんは、自分が質・量ともに最も情報を持っていたいと思っている人だ。しかもスピード重視で、最も早く情報をキャッチしたい。この「情報」というキーワードをアテンダーとしてどのように具現化するか、これが車中でのリスクを回避する重要なポイントのように思えた。車中で何もすることがなくなって、とんでもない質問をされて答えに窮したり、無理難題を指示されて対応できなくなったりという状況は何としても避けたい。しかし木下藤吉郎が織田信長の草鞋を温めて一目置いてもらったというようなことは、中内さんには全く通用しない。

一九八二年頃のダイエーは、本社機能を東京に移すべく徐々にシフトしつつあった。秘書室も例外ではなく、港区芝公園にある通称「軍艦ビル」に主要メンバーは移ることになった。このオフィスは、最寄り駅がJR浜松町だったため「浜松町オフィスセンター（HOC）」と呼ばれた。ちなみにHOCの社長室には「金の風呂」があるというとんでもない噂が流布された時期があったが、全くのデマである。そんなわけで、わたしが着任後すぐに頼りにしていた赤羽さん以下主だった秘書室員はHOCに引っ越してしまい、江坂の本社の一一階秘書スペースは、役員全体を見る管理職と女性秘書とわたしの三人になってしまった。

わたしの秘書室異動は、本社秘書室の留守番のような意味合いもあったのかもしれない。いずれにしても、もう逃げも隠れもできない。いよいよ追い詰められた。


着任後数週間して、開き直ったわたしは当時社用車（ベンツ）だけで行っていた兵庫県芦屋市大原町のご自宅への朝のお迎えに行くことにした。かなりリスキーな決断だ。しかも、手ぶらで行くわけにはいかない。「君、何しに来たんや」と言われるのがオチである。

それで当時大阪府吹田市の千里に住んでいたわたしは、朝早すぎてまだ阪急電車が動いていないこともあり自分の車で新大阪まで行き、車を駅の駐車場に放り込んで、五時一五分発だったように記憶しているが、始発電車に飛び乗り芦屋に向かった。そして、これまたまだ早朝のため芦屋駅のキヨスクも開店していない時間帯だったから、新聞販売店を回り自動販売機などで新聞を購入し、持参していた糊とハサミとA4のコピー用紙とクリアホルダーを駆使して、流通関係や商品開発のヒントになるような記事を切り抜きその紙に貼ってファイルにしてベンツの後部座席に置いておいた。

中内さんは日経新聞は隈なく読まれたが、ほかは会社に行って広報が配布する記事の一覧を見るしかなかった。ところが、中内さんのスケジュールによっては手に渡るのが午後になったりすることもあった。それで、この「情報提供作戦」は非常にヒットした。いち早く情報を入手したい中内さんは、車に乗って日経新聞や手作りの記事のファイルに目を通し、当時まだ走りだった自動車電話で該当する役員に素早く指示を出すことができたわけだ。また、「君、今朝の朝日新聞の記事、読んだ？　まだ読んでないんか。遅いな～」と、役員よりも情報的に優位に立ってご満悦だったこともあった。

また車中で新聞を読みつつ「今度、三国に西友ができたらしいな」というようなひとり言が出たりする。ライバルの堤清二さんの店だ。中内さんが東京に出張している間に、どんな店か調べておこう。これも情報だ。

しかし、当時はインターネットなど影も形もない時代。情報は現地に行くしかない。二年前に受けた監督者養成講座で「ストアコンパリゾン」という授業があって、競合店情報を把握する方法についてノートを取っていた。

まず、外観を写真に収めた。店内に入り、一歩六〇cmで歩いて売り場の縦横の長さを測り、売り場面積を割り出した。そして、レイアウトをイラストにして大体の品揃えをまとめた。主要品目の価格を覚え、最寄りのダイエーのものとの比較表を作って、中内さんにお見せする資料が出来上がった。

今と違って、手作り的でお世辞にも洗練されているとは言えなかったが、「努力賞！」ぐらいの評価はもらえた。当然、店舗企画や中央地区本部のメンバーも調査して中内さんにレポートを上げていたが、りっぱな体裁にするのと部内でチェックを重ねたりして、中内さんの手元に届くまでかなりの時間がかかっていた。少々荒っぽくても、スピードだけはわたしの方が遥かに勝っていた。

情報はブラックホールのようにどんどん吸い上げるのが中内流だ。これも「情報」というキーワードに基づいて独自で行った業務だった。情報の速さ・正確さ・そしてそれを活用する、当時の中内さんはとにかく情報に飢えていたのだ。

一般のサラリーマンの方々が、当時のわたしのように創業オーナー経営者にくっついて歩きながら仕事をするというような経験をすることは滅多にないかもしれない。しかし、どんな種類の仕事でも本質は同じだと思う。勇気を奮い起こして相手の懐に飛び込んで攻めの姿勢で取り組むなら、自ずと道は開けてくるものである。

秘書になってしばらくして中内さんから聞いた事柄だが、「僕は社員に『額の向う傷』は認めるが、『背中をバッサリ斬られる』ことは許さないと言うてるんや」と。

これはかつてのダイエーで「偽エルメス事件」と呼ばれた出来事があって、ダイエーのバイヤーがエルメスのスカーフを格安でお客様に提供するために輸入ルートを工夫したことが原因で偽物をつかまされたときのことを振り返ってのコメントである。新聞でもかなり叩かれた事件だったが、そのとき中内さんは「調査に甘さはあったものの、当該バイヤーの失敗については不問にする」という結論を下したそうだ。そのバイヤーは「よい品をどんどん安く、より豊かな社会を」というダイエーの理念に沿って一生懸命努力し、憧れのエルメスのスカーフをお客様に安く安定的に供給することを実現しようとしたために失敗してしまったのが理由だったと聞いている。

中内さんは、物事に真正面から向かって行って懸命な努力を払ったにもかかわらず失敗すること――つまり額に受ける向う傷には本当に寛容なのだ。でも、努力を怠って逃げの一手で問題を回避し、最終的にお客様の生活を豊かにする点で貢献せず、同時に競合他社に後れを取ること――つまり背中をバッサリ斬られるような傷はとことん忌み嫌う。

こういう出来事があったためか、ダイエーには物事に積極的に取り組もうというカルチャーが醸成されていた。この社風は今から考えても本当に貴重なものだった。とにかく〝フルスイング〟できるのだから。

さて、そうは言ってもこんな程度で順風満帆のスタートとはとても言えない。日々事件が起きるのが中内さんなのだ。例えば、こんなことがあった。「入れ歯」だ。

4 入れ歯と赤字決算

中内さんは〝総入れ歯〟である。

原因は第二次世界大戦の末期、敗色濃厚な中、フィリピン戦線で死線をさまようという悲惨な体験による。灼熱のフィリピンの前は極寒のソ満国境での従軍だったので、気温の差だけとってみても七〇～八〇度あったそうで、考えただけでも気が遠くなる。

その過酷なフィリピンの地で軍曹として最前線で戦っていた中内さんだったが、敗走と野営が何日も続き、極度の飢餓状態に陥った。夜眠ってしまおうものなら、味方にさえ何をされるかわからないという異常な状況だった。一番恐ろしいのは、ジャングルに潜んで獲物を狙っている野獣ではなかったのだ。こんなことは想像もつかないが、中内さんは力尽きた仲間の軍靴を脱がせ、その革に水を含ませてそれを噛んで飲み込むことによってかろうじて飢えをしのいだそうだ。まさに大岡昇平の『野火』の世界だ。

そして最終的に敵の手榴弾に吹き飛ばされ意識が薄れていく。もうこれまでかというときに思わぬ光景が目の前に現れた。ぐつぐつ煮えるすき焼きの鍋を家族で囲んでいる。そしてあの独特の食欲をそそるにおいがぷーんとしてきたのだ。「ああ、もう一度腹いっぱいすきやきを食いたい！」と涙ながらに思った。これが小売業を営むきっかけになったんだと中内さんはおっしゃる。

これほど強烈かつ明快な創業の動機はほかに例があるだろうか？「いや〜、大変でしたねえ」というような軽々しい慰めの言葉を口にするのも憚られる、わたしたち戦争を知らない世代にとっては想像を絶する経験だった。そんなわけで、最終的に栄養失調になってしまい歯が全部抜け落ちてしまったのだ。入れ歯ひとつとってみても壮絶なストーリーである。

いやいや、奥の方にわずかに一本だけ歯が残っていて、それゆえ入れ歯の調整がことのほか難しいのだと主張する人もいる。入れ歯まで「伝説化するか？」という気もするが、間近で入れ歯を入れる場面を何度も見ているわたしとしては、総入れ歯であることを保証する。まあ、どちらでもよいことであるが、この入れ歯が相手とのコミュニケーションを阻害し、秘書業務を複雑にしていたことは確かである。

わたしが中内さんの秘書役に着任して四六時中随行し始めた頃、正直に告白すると中内さんが何をしゃべっているのかほとんどわからなかったのである。入れ歯であることに加えて、中内さんの唇の太さはかなりのものである。

それで、わたしなりになぜ中内さんの言葉が聞き取りにくいのか分析してみた。それは、こういうことだろうと推察する。まず中内さんに言葉を発する意思が働いてから、声帯が音声を発し、続いて入れ歯が開き、そしておもむろに肉厚の唇がムチャッと開くという一連の流れに微妙な時間差が発生するため、初めて聞く人にはその言葉を判別するのが非常に難しいのである。

特にわたしのような随行秘書役にとっては、完全に密閉された逃げも隠れもできない車中で、相手の言うことが聞き取れないというのは致命的である。しかも、それまで中内さんに随行する秘書がおらず、どうしたらこの窮状を乗り切れるか教えてくれる人もいないのだから本当に首尾よく対処するのに難しい状況だった。

しかし、人間の能力というのは素晴らしいもので、すぐにひとつの法則に体が反応した。すなわち、語尾が下がると同意を求めていると判断し「そうですねえ」などと相槌を打ち、逆に語尾が上がると質問だから聞き返すという作戦だ。最初の二～三ヶ月はこれで乗り切ったおぼえがある。そんないい加減なことでよく秘書が勤まったなとお咎めを受けるかもしれないが、聞き取れないものはしようがない。ようやく耳が慣れて聞き取れるようになると、それが社内では貴重な特技となった。
一緒に車に乗って中内さんから指示を受けた役員が後から電話をしてきて「あのとき、おっさん何言うとった?」と確認してくることもあった。当時の中内さんのスケジュールは朝から晩までびっしりと埋まっており、車で移動する時間も貴重な社内ミーティングの時間だった。後部座席で中内さんに重要案件についての判断を仰ぎ、指示を受ける役員や本部長クラスの人々にとって、その指示を聞き間違えたら大変なことになる。そんな〝社内通訳〟をしなければならないこともあった。こんなことが、自分の差別化要因のひとつになろうとは夢にも思わなかったが……。

さて、秘書としては一番厄介なのが入れ歯の調整である。これは突然痛みが来るようで、いつでも飛び込みで歯茎にフィットさせるべく調整していただけるように、大阪と東京のかかりつけの歯科医の先生には定期的に付け届けをしてキープしていたものだ。また、そのような場合には前後のスケジュールをキャンセルして、改めての日程調整のお願いやお詫びもしなければならないわけだ。入れ歯の調整を基点として、多くの事柄に影響が及んでしまうのはいかがなものかと思うが、本当に痛かったらしい。

この非常事態を回避するために、一度〝腕利き〟の歯医者さんとして定評のあった先生に特製の入れ歯を作っていただいたことがあった。それは、若き日の中内さんの写真をもとに、その当時の歯を復元するという方法だった。これで入れ歯の調整ともさよならできるかと秘書室員一同期待したものである。いよいよ特製の入れ歯が出来上がり、しばらく使用したところ痛みも出ず、すこぶる快調であるとのことだった。ご本人は非常に気に入っていた。しかし、ご家族からクレームが出た。痛みがないのは何よりだが、見栄えが悪すぎるというのだ。

確かに、かなりの〝出っ歯〟になっている。口を閉じても前歯がはみ出している。まあいいんじゃないかと秘書的には思っていたが、家族としては耐えられなかったらしい。また、追い討ちをかけるように、大阪の一流料亭の女将さんから強烈な一言が。「中内社長、顔の相が変わってまっせ。どないしはりましたん?」そんなこんなで、あえなくこの出っ歯の入れ歯は没となった。それにしても中内さんは、料亭の女将さんのような世故に長けた人の言うことには本当に素直だったなあ。

このようにいろいろと手を打って、非常事態に対処できるようにはしていたが、それでも思わぬ難しい事態が生じることがあり、それに柔軟かつ適切に対処しなければならないのが秘書の大変さである。

こんなことがあった。一九八三年頃だったと思う。その頃ダイエーは〝PCB汚染〟による連結赤字に苦しんでいた。これは何もポリ塩化ビフェニルによる汚染で問題になったわけではない。関連会社であるプランタン・クラウン・ビッグエーの三社が多額の赤字を計上していたため、その三社の頭文字を取ってPCB汚染とマスコミから揶揄されていた。

特にクラウンという弱電メーカーは、流通業が製造業を買収して傘下に収めるいわゆる「垂直統合」案件だった。ビジネススクールの教科書に書いてあることを日本で初めて実行したのだ。その後クラウンは、ダイエーのプライベートブランドのカラーテレビ「BU BU」を製造することになる。当時一〇万円していたカラーテレビが五万九八〇〇円で買えるとあって大きな話題を呼んだが、品質に難があり故障が多く、見る見るうちに不良在庫の山となった。

わたしも三宮店勤務時代に、最後のBUBUを〝超ディスカウントの現品限り〟として一万九八〇〇円で売った覚えがあるが、どう贔屓目に見ても映りが悪かった！　その後クラウンは得意分野であったテープレコーダーなどの小型音響機器を中心に商品開発をして業績回復を試みたが、回復するどころか赤字額は益々膨らんでいった。

このPCB三社の巨額赤字が影響して、グループトータルの赤字額も一一九億円と、

「これじゃ、救急車でも呼んだ方がよいのではないか」という自虐的な冗談も飛び出すような深刻な決算を余儀なくされるところにまで追い詰められたわけだ。管理本部の役員が再三中内さんに決算の説明に入るが、なかなか認めてもらえない。

「君ら〝電卓〟とちゃうか？　ただ単に計算するだけやったら電卓と変わらんやろ。君らの辞書には戦略という文字はないんか？」と大声で怒鳴られているのが秘書スペースまで聞こえてきて、思わず吹き出したものだ。

最終的に、管理本部の〝戦略〟としては赤字額を救急車の一一九億ではなく一一八億円で着地させるくらいが関の山だった。

そのまず〜い決算をメイン銀行に説明に行かねばならない日が来た。決算発表の前日に行われる恒例の〝お努め〟である。

当時はまだ都市銀行がたくさんあって、ダイエーは住友・三和・東海・太陽神戸・富士の五行をメイン銀行と呼んでいた。懐かしい時代です。その日の早朝、こちらも重苦しい気持ちで兵庫県芦屋市大原町のご自宅にお迎えに行った。普段はひょうひょうとしておられる専属運転手の菅谷さんの表情もいつになく硬い。いつものように奥様に見送られて、ふわふわとした独特の足取りで玄関から出てこられた中内さんだったが、顔がいつもと微妙に違うように見受けられる。

うーん、どう見てもちょっとおかしい。社用車のベンツに乗り込んでしばらくの間、何かごそごそと紙袋の中を手探りしておられたが、私も「何か言われそうだ」という雰囲気を察知し、ちらちら中内さんの顔を観察していた。わかった、これはいわゆる〝くしゃおじさん〟と同じ顔じゃないかと思うとおかしくておかしくて仕方がなく必死で笑いを噛み殺していたところ、中内さんが「恩地さ〜ん」と口を開いた。ああ、この呼び方はやはり何か頼まれるなと直感でわかった。

ちょっとはにかみながら「朝、洗面所で入れ歯を落としてなあ」と言いつつ、ティッシュペーパーに無造作に包まれた入れ歯を差し出し、「真ん中にひび入ってるやろ？　悪いけどなあ、最初の東海銀行は歯ァなしでいくから、その間にこれ直して（修理して）次の富士銀行の前で待っといてくれるかあ？」「……は、はい、承知しました」と言ったもののの、そんな曲芸みたいなことができますかいな。

なにしろ東海銀行のアポイントは八時で次の富士銀行は九時なので、当然歯医者はまだ診察が始まっていないし、移動時間や修理時間を考えると一時間の持ち時間はあまりに少ない。どうしたものかと考えあぐねているうちに、車は無情にも東海銀行大阪支店前に到着してしまい中内さんと別れた、というより車から降ろされたという方が正しい。各銀行とも頭取が待ち構えている状況を考えると、「すみません、できませんでした」はあり得ない。あの「くしゃおじさん状態」で決算説明を続けさせるわけにはいかない。追い詰められた中で、どうすべきか頭を高速回転させつつ、とにもかくにも走り出した。

早朝なので、通いの医者が来る病院はだめだろう。自宅で開業している歯医者を必死になって探し、ある小さな歯科医院を見つけた。恐る恐るインターホンを押した。

すると、まだ朝ごはんを口に含んでいるような状態のおじさんが何事かという怪訝な表情で出てこられた。白衣も着ておられないので、この人が院長先生かどうかもわからなかったが、雰囲気からしてそうだろうとこちらは勝手に決め付けた。逡巡している暇はないのだ。そして挨拶もそこそこに「ダイエー秘書室」の名刺を渡し「先生、これは社長の中内の入れ歯なんです。今朝ほど、ちょっとしたアクシデントで真ん中から割れてしまいました。大至急このひび割れを補修してほしいんです。何とかなりませんでしょうか？お金はあとで持参しますから」と祈るような気持ちでお願いした。

するとやはりその方は院長先生で、先程とは打って変わって表情を崩し「いやー、珍しいこともあるもんやなあ。天下の中内さんの入れ歯を直すなんちゅうのは大変光栄なことや。お金はいらんよ。よろしゅう言うといて」とあっさり引き受けてくれたのだ。この時ほど中内さんのネームバリューを感じたことはない。当時、関西での中内さんの人気は本当に凄かった！　こんな難題がいとも簡単に解決されるとは考えてもみなかった。

富士銀行大阪支店前で補修完了した入れ歯を握り締めて待っていると、中内さんが乗ったベンツが時間通りにすーっと到着した。こちらは「何とか間に合いましたよ」という誇らしい気持ちで「どうぞ」と入れ歯を差し出すと、中内さんは「当たり前やないか」と言わんばかりに当然のように入れ歯を受け取り、それをパクッと口に放り込んで銀行内に消えて行ったのである。

そもそも秘書業務とはこんなものである。〝労多くして報われず〟、やって当たり前、できなかったら能力がないということになり、本当に因果な商売だと思う。

しかし、一方で中内さんはこんな機会を通して秘書の良し悪しを見極めているわけで、一歩間違えると入れ歯ひとつで人生の方向性が決まってしまいかねないのだ。こうしたことに思いを巡らしていると、あのときよく切り抜けられたものだと今でも背筋がゾッとするのである。だが考えようによっては、こんな入れ歯の補修業務ひとつとってみても「仕事の納期を厳守する」というビジネスマンとしての不可欠な要素を身につけることができたと前向きにとらえることもできるわけで、その後わたしが携わることになる経営企画や

M&Aの業務に活かされたことは間違いない。中内さんのOJT(on the job training)の賜物だ。中内さんが意識していたかどうかは全く不明だが、一種の素晴らしい〝OJT教育〟といえる。

実はまだ話は続く。

この〝入れ歯事件〟の翌日は、マスコミに対する正式な決算発表である。当日は、午前九時からの取締役会で決算数値の承認を受け、その足で会場である大証記者クラブに行くという段取りであった。

九時半に当時吹田市江坂にあった本社を出発すれば、余裕を持って到着することができる。ところが、九時三五分になっても中内さんは出てこない。その後女性の秘書が二回「出発のお時間です」というメモを入れても動かない。メモ入れから帰ってきた秘書に聞くと「何かムニャムニャ言っておられましたが、よく聞き取れませんでした」と埒があかない。しっかり聞いてくれよと言いたいところだが、あの入れ歯では仕方がない。

ようやく、九時五〇分になって「さあ、行きましょかぁ」などと言いながら、ぶすっとした顔つきで役員会議室から出てこられた。こんな時間までなぜ出てこないのかと内心イライラしながら、急いで車に乗っていただいた。車中で「もう、時間的に間に合いません」と言うと、「何でやねん」とジロッと睨まれた。「君がしっかりせんから、遅れてしまうやないか」と言わんばかりである。気まずい沈黙が続く中、会場に近づいてきたが、すでに開始時間の一〇時は過ぎている。

すると突然中内さんは「走ろう!」と言って車を降りた。そして、会場めがけて走り出したのだ。わたしは何が起きたのか理解できないまま、決算発表の資料が入った中内さんの紙袋を抱えて追いかけた。


会場の大証記者クラブ二階からは記者連中が待ちくたびれて窓から顔を出していた。中内さんの走っている姿を見た記者から、「あ、中内さんが走ってる」と歓声が上がった。

その後慌ただしく記者会見に臨んだ中内さんは、全速力で走ったおかげで息も絶え絶えになりながら悲惨な赤字決算を発表した。新聞記者からは、予想していたほどの鋭い追及もあまりなく記者会見は淡々と終了した。遅れを取り戻そうと一生懸命走ってきた中内さんに〝同情票〟が集まったのかもしれない。中内さんは、よほど赤字決算について聞かれたくなかったのだと思う。当然、ダイエーの赤字決算をあざ笑う競合他社の社長の顔が次々と浮かんだことだろう。そのために、どうしても取締役会から出てくることができず、最終的に走る羽目になってしまった。

だが、ちょっと待てよ。一連の動きはどうもおかしい。メモを入れてもなかなか会議室から出てこなかったのに始まり、挙句の果ては車を飛び降りて走り出す。これは中内さん独特の〝計画的な犯罪〟（秘書から見ると犯罪ですよ）だったんじゃないか？

十分考えられる。赤字決算について掲載される当日の夕刊のトーンが少しでも良いものになるように、対策を講じるのは経営者として当然のことではある。それで、こんな田舎芝居のような手を打ったのかもしれないのだ。もしもこれが前夜一晩考えに考え抜いた〝荒業〟だったとしたら……。もうこれ以上は考えるまい。

まあ、こんなふうにしてダイエーの人々は、中内さんに翻弄されながら知らず知らずのうちに鍛えられ、今では数多くの上場会社で経営トップの立場で活躍している。そして、しっかりと実績をあげている。

手取り足取り教えられ育てられたというより、やはり中内さんはカリスマであり一時代を一気に駆け抜けた人。ひらめきや直感でやりたいことに次から次へと取り組んでいった。そしてその都度社員に指示を出し、それは大抵の場合無理難題に近いものだったが、指示を受けた人間はそれを成し遂げようと昼夜を問わず背伸びして働き、自分の実力以上の結果を出すことができた。またその尋常ではないスピードや、マグマが爆発して地上にほとばしり出るようなものすごいエネルギーに必死についていったものだ。

こうした状況をいやがらなければ自然と人は育つ。「逃げたらあかん！」これが中内さん一流のトレーニング法だった。ダイエーが〝人材輩出会社〟であるという評判を得ているのも、〝中内さんは死して人を残した〟と言われるのも本当にうなずける。

中内さんの戦争体験は生死の境を彷徨うような壮絶なものだったが、わたしは中内さんとのさながら〝戦争体験〟（とても中内さんのそれには遠く及ばないが）のようなＯＪＴで、ビジネスマンとしてしっかり育てていただいたことに心から感謝している。それはそれは、半端じゃなく〝ハードトレーニング〟ではあったが……。

5　店巡回――カメラ、糖度計、ベータムービー…

中内さんは「現場主義」である。暇さえあれば頻繁に店を見に行っていた。ということもあり、店巡回は〝かばん持ち〟業務のハイライトのひとつといえる。

利益の源泉である店が活性化しないと、企業としての存続はおぼつかない。中内さんはあるときから〝抜き打ち〟で店巡回をするようになった。というのは、それまで秘書は「CEOが○月○日○時に店に行きます」という連絡を店側にしていたが、それに対応するため店長は大掛かりな準備をすることになっていた。前日の夜遅くまで売り場を整えるためにパートさんまで動員して準備をしている店も出てきた。

さらにある店では、中内さんの巡回ルートをシミュレーションし、リハーサルまでする。そのような中で「店はお客様のためにあると常々言っている会社が、CEOの巡回のために深夜残業までして準備するのはおかしいのではないか」という匿名の投書が届いた。中内さん宛の手紙は必ず本人が目を通すことになっていたが、これを受けて中内さんはガラッと方針を変えた。

「CEOの巡回スケジュールは口外無用」との指示が秘書室に流れたのだ。抜き打ち店巡回の始まりだ。突然の来訪に店長は極度に緊張し、売り場のパートのおばちゃんまでが中内さんから「何が一番売れてんねん?」と質問を受け、しどろもどろで答える。

レジの女性社員は、一本一〇〇円かそこらのBICボールペンを買うべく一万円を差し出した中内さんに、手際よくまずはお札、次に硬貨とお釣りを出して「ありがとうございました。またお越しくださいませ!」と元気に挨拶しなければならない。店にとっては、中内さんの店巡回が〝八百長〟から〝真剣勝負〟になったのである。

その店巡回がもっとも大掛かりになったのが、ダイエーが赤字体質から脱却しようともがいていた一九八三年頃のことである。

ある日、中内さんから「君、ベータムービーって知ってるか?」と言われた。「は、はい。ソニーのビデオレコーダーですよねえ」と答えたものの、何か悪い予感がした。案の定、その後矢継ぎ早にベータムービーに加えて、糖度計、照度計、騒音測定器といったマニアックな機器を購入するように指示が出た。何をするのかと思っていると、これらを持って店巡回に随行せよとのこと。

「今のダイエーの社員は確かに優秀かもしれんが、頭でっかちになって理屈ばっかりこねとる。自分に対する説明も、理路整然としていて語り口も流暢で『うまい！』とは思うが『なるほど！』とは思えない。臨場感がないからや。事実と数字に基づいて議論することを定着させんことには、このままでは会社がつぶれてしまう。これからのキーワードは『ファクト・ファインディング』や」と言いつつ、ビデオで何をするか具体的に指示された。

「売り場で僕が良い点、悪い点を指摘するからやなあ、その映像と僕の声をそのベータムービーで撮ってくれるか」ということであった。

早速、ハードラインの商品部からベータムービーを取り寄せ、中内さんの声も録音できるようにとのリクエストを出した。商品部の手配で、中内さんとわたしはワイヤレスマイクで結ばれることになった。また、当時のベータムービーは電池の消費量が多く、仮に二時間撮り続けるとなると充電池をいくつも携帯してこまめに取り替えながら撮影する必要があることがわかった。

そんなこんなで、私の店巡回の出で立ちはこんな感じになってしまった。まず、首からカメラ・糖度計・照度計をぶら下げる。そして、腰にはベータムービーの充電池を三個携帯したベルトを巻く。右手には重たいベータムービー本体を掲げ、左手には騒音測定器などを入れた手提げカバンを持つといった具合である。

もう、家族にはとても見せられない惨めな格好であるが、生殺与奪の権を一手に握る中内さんの指示は絶対である。お願いですから荷物をひとつ減らしてくださいというわけにはいかない。

ということで、まずは各地域事業本部ごとに行われる店長会議に先立ってそのエリアの店を巡回してビデオを撮影し、店長会議でそれを再生して皆で見るということになった。本当にややこしい仕事でしょ。もしうまく撮れていなかったら、大変で「なんや、段取り悪い秘書やなあ」と言われるに違いない。一方で、うまく撮れていたとしても店の欠点を撮りまくってそれを会議で白日の下にさらすわけだから、これは店長から本気で恨まれますよ。「余計なことしてくれるなよ！」と。

さて、この方式での最初の店巡回の日となった。いつも店巡回は気合が入っている中内さんだが、このときはいつになく興奮気味だった。

店に入るなり、中内さんは脇目もふらずに青果売り場に直行した。そして、ワゴンで売っている巨峰のＰＯＰ（商品説明と価格が書いてある紙）に「甘い！巨峰」と書かれているのを見て怒鳴った。まあ、怒鳴ってるところも写しておこう。

「だ、誰が（中内さんは重要なことを言うときドモる癖があった）甘いと決めたんですか？こんなもん、詐欺でしょ！」と言ってから「恩地さん、糖度計で測ってくれますかぁ？」と。ああ、なるほど、こういう演出をしたかったのかとそのとき初めてわかったが、感心している暇はない。糖度を測らねば。

「一四度です」

「ほらみてみぃ。だから詐欺やと言うとるでしょ！　甘いとうたうんなら一八度ないとあかんわ。糖度一八度だから甘いというふうに、POPも事実に基づいて書かんかいや」

うろたえた店長は、即座にPOPをわしづかみにして自分のポケットにしまった。中内さんの一言で、それまでは余裕を見せつつ明るく振る舞っていた店長だったが、全くの挙動不審人物になってしまったのだ。


今度は鮮魚売り場へ。

「いらっしゃいませ、いらっしゃいませ。本日はダイエー○○店にご来店いただきまして誠にありがとうございます。鮮魚売り場から、○時までのタイムサービス、タイムサービスを開催中です」というような耳を劈くばかりのダミ声がカセットデッキから流れてきた。

かなりの迫力である。店長としては、活気のある市場のような演出をしようとしていたのかもしれない。

しかし中内さん、「君ら、大きな声を出しゃええと思てるでしょ。ここまできたら、公害やで。恩地さん、ここ何デシベルか測ってみてくれるか」

「はい、〇〇デシベルです」

「そやろ。もうちょっとお客さんの立場になって考えなあかんで。こんなうるさいところで買い物なんかでけへん。もっと科学的に仕事せいや！」なるほど、ごもっともである。慌てふためいた店長は、すぐにカセットデッキのスイッチをＯＦＦにしに走っていった。

その後中内さんは「ちょっと、トイレ行ってくるわ」と言い放って、トイレに消えた。しかし、ワイヤレスマイクでつながれている身としては、トイレで用を足す音から、独り言まですべてイヤホンを通じて耳に入ってくる。思わず、イヤホンを耳から抜いたものだ。

続いて、婦人服売り場へ。

「暗いでしょ。これじゃ、ファッションカラーも引き立たんわな。君、照度測ってみ？」

「はい。八〇〇ルクスです」

「そら暗いはずや。一五〇〇ぐらいないとあかん。省エネで蛍光灯を間引きしとるやろ。

もう、とっくの昔にオイルショックは終わってるで。君ら、古い価値観をいつまで引きずってるんや。すぐ蛍光灯補充せえ」

なるほどなあ、ファクト・ファインディングは説得力があるなあと実感した。数字と事実に基づいて指摘された店長はグーの音も出ない。しかし、インパクト満点なので即実行に移そうという気になることは間違いない。虚をつかれ先手を打たれた店長は大変だっただろうとは思う。

しかし、店長連中もしたたかだ。もう次の日にはこの情報が全店に行き渡っていて、いっせいに糖度計と照度計を購入したにちがいない。そして、中内さんが次に巡回する店長は何食わぬ顔で「糖度一八度です。だから客観的に見ても甘いです」とか「蛍光灯、補充しました」というような受け答えをすることになるのである。折角のファクト・ファインディングもすぐに形式的なものになってしまうのかと思うと、店に並ぶ商品と同じく中内さんの店巡回も鮮度維持が難しいなあと感じたものだ。

だが、こうして北海道から九州まで行脚して中内さん自らが行ったパフォーマンスによって、ファクト・ファインディングという考え方を徹底する目的は見事に達成されたのではないかと思った。そして、その後ダイエーの業績は徐々に回復していくのである。確かに中内さんはコテコテの現場主義者、経営に臨場感があった。こちらは、汗だくの対応だったが……。

店巡回に関連して、最後にひとつだけ。

中内さんは、店巡回で様々な指示を速射砲のように出し、それを徹底させようとしておられたわけだが、時々言い忘れることもある。そのため、ある時期から小型のテープレコーダーを持ち歩くようになった。何をするかというと、「そうだ！ あれを言っておかなければならなかったのに忘れた」というときにテープレコーダーを取り出し、そこに例えば「え〜、夙川店の鮮魚売り場のタラの切り身のところに、鍋物の食材と土鍋を陳列するように店長に言うといてくれますかぁ」てなことを吹き込んで秘書に渡すためだ。

あるとき、テープを預かって再生をしていると、

「芦屋浜店のフードコートのテーブルが汚いから……」で言葉が途切れて、その後は「ガー、グー」という音が延々と続いた。

「なんじゃ、これは……」中内さん、テープに自分の声を吹き込みながら力尽きて寝てしまったのだ。当時、このテープ起こしをしながら大笑いしたものだが、今となっては、現場を改善するためにここまでしていたのだと涙が出る思いだ。中内さんの売り場改善に懸ける執念はもの凄い！ ここまではいかなくても、チェーンストア各社は売り場をいかに

お客様のニーズに合致したものにするか、いかにして他社との差別化を図るか、品揃え、売価、プレゼンテーション等々、必死に試行錯誤している。消費の現場は日々こうして進化していくのだ。

さて、近年日本の電機メーカー各社が苦境に陥っている。かつての輝きはどこへ行ってしまったのだろう。自社製品のコモディティ化のスピードについていけないのか、あるいは目を見張るような新製品開発が滞っているのか、原因は様々あるかもしれない。

この点で、わたしは「消費の現場を見よ」と言いたい。つまりメーカーの経営者が消費の現場を定点観測することの重要性を強調したいのだ。中内さんのように、チェーンストア各社は「この商品は消費者から見たらすでにこのステージにあるからこういう売り方をすべきだ」とか、「この値段ではもはや売れないから売価変更しよう」というような変化対応や創意工夫を売り場で行っている。その微妙な変化にメーカー系経営者は敏感でなければならないと思う。

例えば、液晶テレビ。短期間で大きく価格を下げたことにおいては象徴的な商品である。当初一インチ当たりの価格が一万円だったのが、一〇分の一の一〇〇〇円ぐらいまで値下がりした。その過程で、アメリカ西海岸のコスコ・ホールセールクラブ（日本では商標権の関係で「コストコ」という店名になっている）ではかなり前からセルフで売られていたことは注目に値する。買い物客は、目玉商品を置くスペースとして取り分けられている売り場入り口に、山のように積まれた段ボール箱に入った液晶テレビを見て、「これは安い！」と視認する。そしてそれをコスコ独特の大型セルフカートに「よっこらしょ」と乗せ、その後下着や惣菜、卵やポテトチップスなども同じようにセルフカートに入れる。テレビもポテトチップスもいっしょくたにレジで精算して買っていく。

日本の家電量販店と違い、もはや説明もない無言の販売である。コスコにも創業者であるジェームズ・シネガル氏が君臨している。「液晶テレビは、もはやこのような売り方で十分。卵と同じ目玉商品のカテゴリーだ」と指導したのかもしれない。このあたりの変化を肌で感じていたら、コモディティ化に対する対応も少しは早かったのではないかと残念でならない。

6　CEO、フェスティバルホールに出演す!

中内さんは音痴だというのが定説である。確かに、好んで歌っていた「青葉城恋唄」も途中からめちゃくちゃになって、最終的には収拾が付かなくなるのが常であった。大変申し訳ないが、大まじめな本人を前にして腹を抱えて涙を流して大笑いしてしまったものだ。強いて挙げるとすると、まともに歌えたのは「カスバの女」ぐらいか。これもちょっと怪しい。しかし、肩を持つわけではないが、軍歌であればしっかり歌えるのである。考えたのだが、中内さんは軍隊の歩行リズムである、いわゆる「オイッチニッ、サンシ」というリズムであれば歌えるのではないかと。それはそれは実に堂々とした歌いっぷりで、自ら足踏みしながら両手を振りながら歌い切るのである。思い入れもあるのだろう。

さて、その歌に関するエピソードである。一九八三年当時、中内さんは神戸商工会議所の副会頭をしておられた。年間を通して様々な行事が行われるが、年末には商工会議所加盟の主要会社と会頭・副会頭との懇親会が恒例で行われていた。その年の懇親会で、やっかいな企画が持ち上がった。会頭・副会頭はそれぞれカラオケを一曲披露するというのだ。それで何を歌うかということになった。

中内さんが好きな歌の中で、先程の歩行のリズムの歌として「津軽海峡冬景色」があった。これであれば歌えるのではないかと思い、ふたりで練習した。場所は、京都先斗町の某クラブだった。そして、「青葉城恋唄」よりはるかにいけるという手ごたえをつかんで宴会本番を迎えた。

ついに中内さんの番が回ってきた。「君も来いや」と、わたしも引っ張り出され一緒に歌う羽目になったが、この大曲を最後まで朗々と歌い上げることができた。拍手喝采である。

席に戻ると「中内さんって、こんなに歌がうまかったかなあ」とささやかれるほどだった。その後、当時の会頭であった元大蔵次官で太陽神戸銀行頭取の石野信一さんが前に出られた。出し物は「北の宿から」を都はるみの歌に合わせて身振り手振りで踊るもので、これぞお座敷芸と出席者を唸らせるものだった。特に息をハーっと吹きかけて窓ガラスを磨くしぐさは爆笑ものだった。そんな大うけの名人芸が終わって、司会者が「宴もたけなわでございますが、そろそろお開きの時間が……」というような締めの挨拶に立とうとしたところ、ニコニコしながら中内さんが「行くぞ」と私を連れてマイクの前に行き、再び「津軽海峡冬景色」を歌ったのである。

会頭の石野さんがトリだったはずが、それを強奪した形になった。初めて人前でまともに歌えたわけだから、気持ちはわかるのだが……。まあ、中内さんの微笑ましい一面だ。

しかし、これに味をしめた中内さんは「関西財界人歌謡大会」に出場すると言い出したのだ。一九八四年のことだったと記憶する。京都・大阪・神戸の三商工会議所合同の一大イベントである。今となっては信じられないかもしれないが、当時はまだそんな企画があったんですねえ。いい時代でした。

中内さんから「小笠原センセと一緒に出るから、何を歌うか打ち合わせしといてくれるか? 曲は小笠原センセに選んでもらってください」との指示を受けた。小笠原暁先生といえば、元兵庫県副知事で当時芦屋大学の教授をしておられた文化度の非常に高い方である。歌も、オペラのアリアみたいなものを好んで歌われる本格派で、美しいテノールである。まさか「津軽海峡冬景色」のような演歌はどうころんでも選ばれることはない。

案の定、選曲されたのはフランツ・フォン・スッペ作曲のオペレッタ「ボッカチオ」の中から「ベアトリーチェ」という曲で、昔浅草でオペラ歌手田谷力三氏が歌っていた有名な歌であった。ちなみに同じ曲をエノケンは「ベアトリ姐ちゃん」というひねった題で歌っていた。しかもドイツ語である。先生は、歌が上手とはいえない中内さんとのデュエットなので配慮を示してくださり、本格的なオペラではなく一段落としていただいたのは間違いない。

しかし、中内さんにとってはオペラもオペレッタも変わりはなく、「ベアトリーチェ」などとても歌える代物ではない。先斗町で練習するにも、カラオケがない。それで、カセットテープに録音して社用車にセットして練習してもらおうとトライしたが、一回聞いただけでそれっきりだった。

「曲、変えてもらいましょか?」と何度も持ちかけたが、

「小笠原センセが選んだ曲をこっちの都合で変えれるかいな。何とかなるやろ」と頑なな態度をくずさない。こんな時だけいやに律儀だ。あるいは「津軽海峡冬景色」を歌えたのが裏目に出たか。どうしたものかと思案した結果、こんな結論に至った。

どうせ中内さんはいくら頑張ってもこの曲は歌えない。そうであれば、まず大きな見開きの譜面をご両人に持ってもらい、口元を隠そう。加えて、中内さんから観客の目をそらすための手を打とう。ということで、当日は社交ダンスのペアを踊らせて舞台を所狭しと移動させ、声は小笠原先生中心ということで乗り切るのだ。そして歌い終わった後は逆に

中内さんに注目してもらうべく、ダイエーの女子社員を動員して抱えきれないぐらいの花束を渡して場を盛り上げるという作戦に出た。

そして、いよいよ本番当日を迎えることになった。

場所は大阪中ノ島のフェスティバルホール。大舞台である。ヘルベルト・フォン・カラヤンやレナード・バーンスタインといった世界の巨匠が来演したあのホールだ。出演者は関西財界のお歴々がフルメンバーで出る豪華なものだ。大阪商工会議所会頭でサントリー社長の佐治敬三さん、京都商工会議所会頭でワコール社長の塚本幸一さん、ダイキン社長の山田稔さん、本当に役者揃いである。

曲も佐治さんは「ワインレッドの心」、塚本さんは「男の背中」というように、今で言う〝ちょいワルおやじ〟を前面に押し出した粋な選曲であった。観客の中にいると予想される行きつけの新地や祇園の高級クラブの女性たちが黄色い歓声を上げること必至である。石野信一さんも、あの「北の宿から」を熱演し、万雷の拍手をもらっていた。

さて中内さんである。控え室として手配されていた隣のロイヤルホテルの一室で燕尾服に着替えた中内さんは、小笠原先生と一緒に颯爽とステージ中央に立った。やはり燕尾服を着ると姿勢が良くなるものである。見栄えはＯＫだ。

そして、いよいよ曲が始まった。社交ダンスのペアもダイナミックに踊ってくれた。しかし、残念ながら練習不足と天性の音楽性のなさは如何ともしがたく、口パク姿で立ち往生する中内さんにばかり目が行くことになってしまった。そりゃそうですよね、いくら歌がお上手といっても、観客の視線は小笠原先生には行きません。圧倒的に知名度のある中内さんに注がれますよ。だが歌い終わってみると、山盛りの花束を抱えた中内さんはたいそうご満悦だった。舞台を終えて車に乗り込むなり「どや、よかったやろ」と言うのだ。

「いやあ、お疲れ様でした」というのが精一杯。こちらは身も心も疲れきっていた。

振り返ってみるに、中内さんにとって歌はうまく歌えるに越したことはないが、主たる関心事ではない。ちょっとミーハー的ではあるが、あのカラヤンと同じフェスティバルホールの舞台に〝主役級〟で立ったというこの一点で満足だったのだろう。後日、歌謡大会の写真パネルが送られてきた。早速秘書に命じてうれしそうに応接室に飾っていた。そして、来客のたびに「実はなあ。こないだ、フェスティバルホールに出てなあ……」と自慢していたものだ。


やはり、我々のような常人が考えたり心配したりすることは常識的で当たり前のことばかりだが、カリスマが考えること感じることは次元が違うのだ。あるときは業界のドンとして君臨し、あるときはダイナミックに事業展開をし、またあるときは子供のように喜ぶ。そのことを思い知った出来事だった。それにしても、歌は本当に下手だった。これも次元が違いました！

ちなみに翌年もこの歌謡大会は開かれ、中内さんは出演した。自分では一番うまく歌えると思っていた「カスバの女」を、ある人から中東旅行のお土産にプレゼントされたアラブの王様のようなコスチュームで歌った。アルジェリアと中東ではエリアが違うと思うのだが、お気に入りの衣装で何とか歌い切った。

これもまたＣＥＯの仕事の範疇。歌は下手でも、千両役者の風格があった。本当によく頑張りました！

7 学歴と〝オネスト〟――除籍から中退、卒業へ？

臨時教育審議会、通称「臨教審」という内閣総理大臣の私的諮問機関があった。一九八四年に当時の中曽根康弘首相の肝いりで設置されたもので、長期的な観点から広く教育問題を議論して首相に提言する、ちょっと面白そうな会であった。メンバーも岡本道雄先生（元京都大学総長）を会長とし、石川忠雄先生（慶應義塾塾長）・中山素平氏（元興銀頭取）を会長代理に据え、曽野綾子さんや山本七平さんら、知的レベルの高そうな人々がメンバーに名を連ねた。その委員に中内さんが選ばれたのである。中曽根さんが、ちょっと毛色の変わった人をメンバーに入れようと思われていたようで、〝抜擢〟されたのだ。

中内さんはこのことを大変名誉に感じたようで、臨教審の会合は絶対に欠席しないからスケジュールを優先しておさえるようにと秘書に断言するほどの力の入れようであった。また、臨教審委員としての活動は、後に私財を投じて設立した学校法人中内学園流通科学大学の開学の理念にもつながっていく。

さて臨教審も何度か会合を重ねた頃、ある指示が出た。こういうものである。

「僕の学歴やけどなあ、神戸高商卒ということになってるやろ。調べてもろたらわかるけど、そのあと神戸大学の夜学に行ってってことがあるんや。ただ、家庭の事情で卒業するまではできなかったんで、中退せざるをえんかった。君、わるいけどなあ、神戸大学に行って中退の証明書をもらってきてくれるか？」

また、ややこしいこと言うなあ、そもそも中退の証明書なんてあるんでしょうか？と聞き返したくなったが、とりあえず「神戸高商といっても、今ではりっぱな神戸商科大学じゃないですか」と投げかけてみた。

しかし中内さん曰く「いや、当時は大学ではなくて、皆神戸高商から神戸大学に行ったんや。ところが、自分ともう一人馬場新平君だけが落ちてしもた。そのあと、戦後になって神戸大学の夜学ができて、そこに入ったんや」とのこと。要は、最終学歴を「神戸高商卒」から「神戸大学中退」に変えてくれというわけだ。しょうがない「わかりました」と引き受けて神戸大学に行くことにした。

考えてみると、臨教審委員の皆さんの学歴は大変りっぱなものである。東京帝国大学卒業をはじめとして博士号を持つ方も大勢おられたが、その中で「神戸高商卒」というのは如何せんちょっと肩身が狭いと感じられたのでしょう。

朝の新幹線に乗って、午後一番には神戸大学に着いた。

「わたくし、ダイエーの中内の秘書をしております恩地と申します。中内が御大学に在籍したことがあると申しておりまして、それを調べてもらいたくお伺いした次第でございます。それで、それが判明しましたら『神戸大学経済学部中途退学』ということを中内の学歴に明記させていただきたいと思っております。証明方、何卒よろしくお願い致します」と丁重にお願いした。

一時間ほど待たされたあと、職員の方が資料を持って現れた。「ちょっと困りましたねえ。中内さんがうちの大学におられたのは確かですが、一回も授業料を支払われなかったので除籍になってます」とのこと。

「あ、そうですか」よかった、神戸大学に行っていたのは確かだった！「そしたら中退ということで……」「いやいや、違いますよ。授業料未納につき除籍というのは、どういうことかわかってますか？　会社でいうと懲戒免職にあたります。中途退学とは根本的に違うんです」

「いやー、まいった」と正直そのとき思った。まあ、授業料も払わずにほとんど授業を受けていないのだから、これは神戸大学が全く正しい。納得である。

しかし、はいそうですかとこのままでは帰れない。「困りましたねえ」と言ったまま動かなくなったわたしを横目で見ながら、職員の方は自分の席に帰っていった。それから三時間もしただろうか、見るに見かねて再び職員の方がわたしのところに近づいてきた。「あのー、まあ大学としては正式に認めるわけにはいきませんけどねえ、一度は在籍していたことは事実です。これを中退だと中内さんが勝手に言う分には止められません。そんな人、結構いますから……」と言ってくださった。

これが大学側の回答としての限界であろうと察したわたしは、「この度は、本当にありがとうございました。その旨中内には申し伝えさせていただきます」と述べて、相手の気が変わらないうちに早々にその場を辞した。会社に戻って、ことの成り行きを説明したところ、「そうか、そうか」と喜んでおられた。そのとき以来しばらくの間、中内さんの学歴は神戸大学経済学部中退ということになっていた。

しかし、中内さんは非常に正直で良心が働く人だ。あまり時を置かずに、最終学歴はやはり「神戸高商卒」に戻していた。そして、方々で「僕は戦後神戸大学の夜学に通ってたんやけど、学費未納につき除籍や。大学、クビになったんや」なんて、逆に自虐的なお笑いのネタにしていたくらいだった。

ところが、この学歴話には実は興味深い後日談がある。その後中内さんは、経団連副会長に就任し、そして勲一等瑞宝章を天皇陛下から拝受することになる。これらは流通業界では初めてのことで、本社が所在する神戸市としても大変喜ばしいことであった。そのような中で、神戸大学からダイエー秘書室にこんな連絡が来たそうだ（伝聞につき、内容について正確さは保証できないという前提でお読みいただきたい）。

「中内さんを、神戸大学経済学部昭和二五年の卒業生としたい」という内容の申し出があったように、わたしは某秘書から聞いている。

秘書が中内さんに「どうしましょうか？」と問い尋ねたところ、ご満悦で引き受けられたそうだ。その後、送られてきた神戸大学経済学部の同窓会である「凌霜会」の名簿には「中内切　昭和二五年経済学部卒」とはっきりと書かれていたとのことである。わたしも念のためネットで調べてみると、神戸大学ＮＥＷＳＮＥＴという大学公式の広報ツールがあり二〇〇五年の出来事の中でこのように書かれているのを発見した。

「一一月三日に学園葬　中内氏死去で流科大」という見出しで、「中内氏は……一九五〇（昭和二五）年に旧制神戸経済大第二学部（神戸大経済・経営・法学部の前身の夜間課程）を卒業した」とはっきり書かれているではないか！

懲戒免職に相当する「授業料未納につき除籍」から自己都合退職にあたる「中退」を通り越して、一躍定年まで無事勤め上げるともいうべき「卒業」まで〝出世〟したことになる。

あの日、迷惑も顧みず神戸大学の事務所に何時間も座り込んで粘った甲斐があったというものである。当然のことながら、この学歴話はその後の中内さんの功績が一番功を奏したわけだが、〝なんぼなんでも、それは……〟と思えるような事柄であっても最終的にものにする、これもまた中内さんの執念のなせる業か。いや、やはり正直にしていることが如何に大切かを実感できるストーリーだった。

中内さんに「ビジネスマンとして最も大切な特質は何ですか?」と聞いたことがある。その答えは「オネスト」というものだった。

確かに中内さんは、正直さを特に重要な局面で発揮してこられた。後述する〝福岡ドーム事件〟の対応などはその典型である。

一度だけ、公にウソをついたことがある。ダイエーが球団を買収するときだった。南海電鉄との交渉がほぼまとまりかけていたとき、某新聞記者に嗅ぎつけられた。ちょうど海外出張から帰ってこられた成田空港で、どういうわけか中内さんの帰国便を知っていた件の記者が待ち構えており「ダイエーが南海ホークスを買収されるというのは本当ですか?」と聞かれてしまった。虚を突かれた中内さんは「そんなことは一切ありません」と買収を全面否定したのだ。数日後、ダイエーは記者会見を開き、南海ホークス買収を正式に発表した。その席上、多くの記者から「中内さんはダイエーのCEOであるとともに経団連の広報委員長でしょう。その方がマスコミに対してウソをついていいんですか?」と詰め寄られた。さすがの中内さんも立ち往生してしまったのだ。その後しばらく中内さんは「今回は失敗してしまった。〝ノーコメント〟というのはこういうときに使う言葉なんやなあ」と反省しきりだった。

しかし中内さん、「ノーコメント」の一言で片付けるのは如何にも味気ないと考えられたのだろう。あるときを境に「そうやなあ……」という言葉を使い始めた。

中内さんの説明によるとこうである。

「『そうやなあ』という関西弁には実は三つの異なった意味があるんや。ひとつは『そうやなあ、やりましょか』という肯定の意味合い。もうひとつは『そうやなあ、やっぱりやめときますわ』という否定の意味で用いるとき。最後に『そうやなあ、考えときまっさ』というペンディングにするときや。受け取り方は相手次第。関西弁というのは本当に奥深いで。これやったら、新聞記者から『球団、買収するんですか、しないんですか?』とイエスかノーかで答えるように迫られても、『そうやなあ』言うて首かしげてウィンクでもしてたらうまいこと逃げられるやろし、『ノーコメント』でバッサリ門前払いするより相手も気ィワルせんやろ」

確かに! 関西弁の特色、例えば「儲かりまっか?」「ボチボチでんなあ」とか「お出かけで?」「ちょっとそこまで」などにみられるように、あいまいさ=余韻を残しつつ相手にも配慮を払う。これも関西人的オネストの真骨頂だ。理路整然と標準語を話す中内さんなど想像がつかないし、面白くもない。

8　理念の人――稀代のコピーライターとしてのCEO

中内さんから「君、うちのスローガンのどこが素晴らしいかわかるか?」と訊かれたことがある。「う〜ん」と詰まってしまった。

ダイエーのスローガンは「良い品をどんどん安く、より豊かな社会を」というもので、何の変哲もないスローガンのようだ。これくらいは誰でも考えつくようにも思える。いったいどこが素晴らしいのか。どうせ君にはわからんやろと言わんばかりに中内さん、「この〝どんどん〟というフレーズがミソなんや。〝良い品をより安く〟は誰でも考えつくけど、〝どんどん安く〟という表現には意思や継続性やボリューム感が感じられるやろ。これなんや」と。

なるほどね〜! 目からうろことはこのことで、中内さんはすごいコピーライターだと思った。どこが素晴らしいかといって、文句がシンプルである。誰でも覚えられるにもかかわらず奥が深い。社会的な使命感みたいな志が感じられるのだ。皆さん、ダイエーのスローガンにこんな奥深い意味があったことをご存知でしたか？

また、中内さんは「レーゾンデートル」というフランス語をよく用いていた。「我々のレーゾンデートルとは何か、それを社員一人一人が問いかけながら日々の業務に当たっていただきたい」というように。レーゾンデートルとは「存在価値」と訳すそうだが、これをわざわざ大変印象的なフランス語で言うことによって、聞き手の心に残るだけでなく、自分たちの仕事がいかに生活者（途中から中内さんは「消費者」ではなく「生活者」という言葉を使っていた）に貢献しているかを心に染み渡らせるものとなったのだ。

そもそも中内さんは神戸三中（現長田高校）時代に俳句部に所属していたが、その卒業記念に作った句がこれだ。

今は悔ひず冬枯れの丘駆け下る

これまた完成度の高い一句ではないか。不穏な世界情勢の中にあって、ひとりの若者の決意や過去との決別といった思いが見事に描かれているではないか。素質は十分にあった。さすが、大森実（ジャーナリスト。日本人記者として初めてベトナム戦争を取材した）や花森安治（暮らしの手帖創刊者）、淀川長治（映画評論家）を輩出した神戸三中出身の人だ。「小売業をやっていなかったら新聞記者になっていた」という中内さんのコメントはあながち冗談ではなさそうだ。

映像を目の当たりにするような表現もあった。

「カット・スロート・コンペティション」（相手の喉もとを掻き切るような、生きるか死ぬかの競争）という言葉を使われたとき、首筋の動脈をスパッと切られて、多量の血がそこらじゅうに飛び散る凄惨な光景をイメージし、西友やヨーカ堂との競争はこれほど命がけなんだという意識付けがなされたものだ。

最近関東の超優良食品スーパーであるヤオコーの川野清巳社長が、あるシンポジウムで「かつて中内さんが、カット・スロート・コンペティションという言葉を使い始められた頃、そこまでの競争なのかなと実感が湧かなかったが、今まさに我々はそのような競争の只中にいる」とおっしゃっていたが、流通業に携わる経営者の心にこの中内さんの言葉が刻み込まれているんだとしみじみ感じたものだ。中内さん作のコピーは語り継がれる。

自虐的なコピーもあった。売上が低迷し、改善策がなかなか見出せない一九九〇年代後半のことである。毎週月曜日の朝定例で開かれていたモーニングミーティング（略してM

Mと称していた）や店長会議で中内さんがダイエーの売り場を評して、「ダイエーはなんでもあるけどなんにもない」と繰り返し言い出した。

「なんでもあるけどなんにもない」――確かに売り場面積四〇〇〇坪もあって商品は食品から電化製品までフルラインで豊富に揃えられていたが、これといった欲しいものはないというのが個人的にも正直な感想で、この巨大な売り場を有するナショナルチェーンの欠点を一センテンスで見事に言い表した中内さん。まあ大したコピーライターであるが、一瞬にしてダイエーの当事者から第三者のように身を外に置いて批評できる変わり身の速さというか精神構造にもびっくりした。


極めつけは一九九五年の阪神淡路大震災の直後のこと。

ダイエーがベルギーから直輸入した「バーゲンブロー」という銘柄の缶ビールが大量に売れ残ったときの日経新聞全面広告だ。「お願い！買ってください」そして、このコピーの注釈に「売上予測を誤り、大量に仕入れすぎたため売れ残ってしまいました」というような正直なコメントが付されていた。

これは一言一句中内叨作である。このあまりにプリミティブな表現を「品がない！」みたいな評価をする方もおられたようだが、それを超越してあまりある中内さんの迫力ある

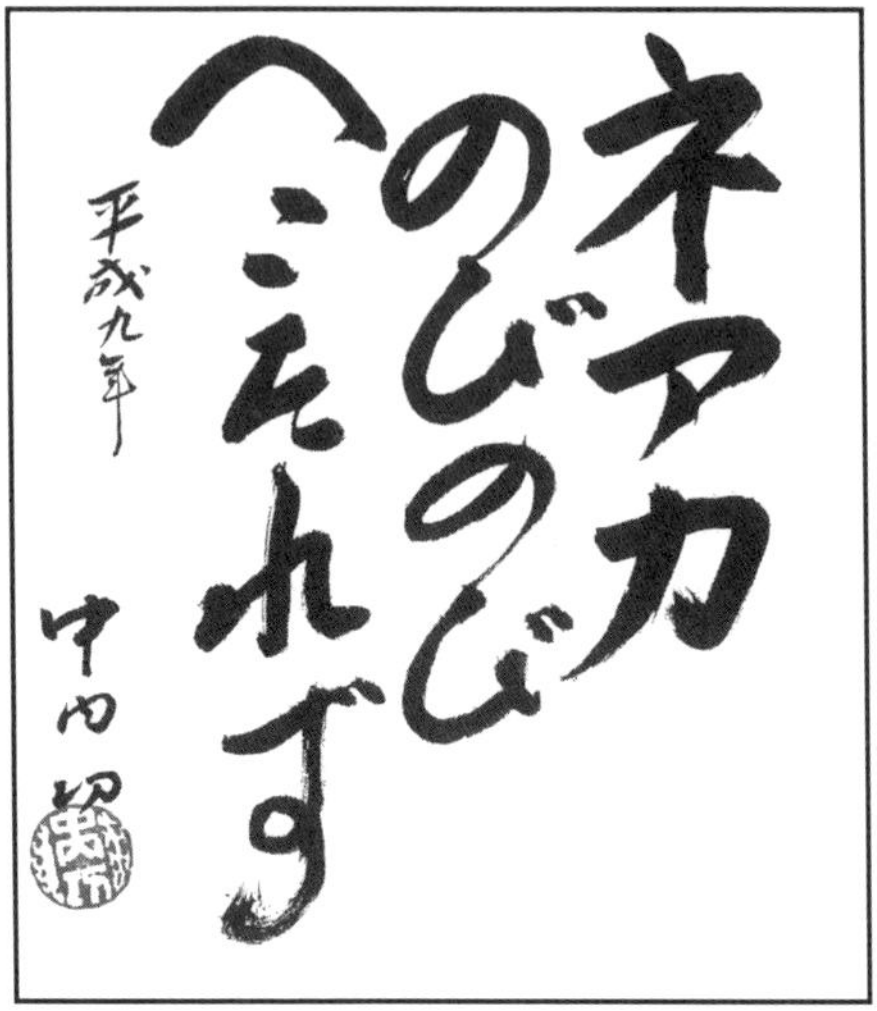

叫びは、各方面に大きな反響を呼んだ。日本経済新聞はその年の広告賞の一部門をこのダイエーの全面広告に与えたと記憶している。ここのところ、こんなインパクトのある、それでいてクスッと笑えるような広告はとんと拝見しなくなったように思う。

ライバルの堤清二さん率いるセゾングループは糸井重里さんを起用し、「不思議、大好き」とか「おいしい生活」といったコピーでダイエーとは対極の味のあるコピーで人々を魅了していた。このあたりのコピー合戦も今から振り返ると本当に面白い。

晩年の中内さんがよく色紙などに書いていた言葉に「ネアカ、のびのび、へこたれず」というのがある。これもカタカナひらがな取り混ぜて、リズム感もあり、本当に人を励ます言葉だった。「カット・スロート・コンペティション」のような初期の過激なコピーから、癒しの世界に入った感があった。実は、この言葉で中内さんは自分自身を叱咤激励していたのではないかと思う。

ダイエーの取締役退任の記者会見で「これまで思い出に残ることは?」と聞かれて「楽しいと思ったことなんか、一度もありませんでしたなあ」とつぶやかれた。「ボールが止まって見える」と豪語した絶頂期から時を経て、今は何をやっても当たらないもどかしさ。本当に厳しい経営の舵取りを強いられていたことがこの一言から明らかであるが、その気持ちに蓋をするのが「ネアカ、のびのび……」だったのだろうと思うと、今さらながら心が痛む。

9　新しいモノ好き——時々言い間違い

中内さんは「新しいモノ好き」である。

新しい店ができたりすると、せっかちに情報を取りたがる。あるときは、その日にその店に行ってみないとおさまらない。そして新製品発売の情報が出たら、どこよりも早くダイエーの売り場で品揃えすることが、流通業界のリーディングカンパニーとしての使命だと思っておられた。しかし、そのときに新製品の名前や店名を微妙に間違えるところが可笑しい。

「今度、渋谷に〝ハリケーン〟という新しいコンセプトの外食店ができたらしいなあ。今晩行ってみよか?」と言われた。そんな店聞いたことがないなあと思いつつ、まあ秘書が運転手さんに場所を連絡しているから問題ないかと気楽について行った。到着した店の名前を見て吹き出した。グローバルダイニング社が経営する「モンスーンカフェ」だった。

これだったらわたしも知ってますよ。中内さんのスケールの大きな性格から、モンスーンでは収まりがつかなかったのかなあ。

「最近、〝食いしんぼ〟という漫画がはやってるらしいなあ。業績の悪いビッグボーイの社長に持っていってやれや」ときた。これはわかりました、『美味しんぼ』ですねと心の中で笑いながら「承知しました」と言って1～5巻を届けてあげた。当時のビッグボーイの社長からはいまだに「あのとき、『美味しんぼ』を贈ってくれたのは本当にうれしかった。激戦のファミリーレストラン業界で、〝手ごねハンバーグ〟の開発で生き残れたのは中内さんのお陰です」と感謝される。少々の言い間違いは、可笑しいだけで大勢に影響ないどころか、微笑ましい記憶として刻まれるものだ。

「サントリーがダーゲンハーツの日本の販売権を取得しよった。うちはディッパーダンアイスクリームをよう育てられんかったなあ」と。「ダ、ダーゲンハーツ？」なんぼなんでも、このままだと中内さんが恥をかく。さすがにこれは修正をかけた。「CEO、それを言うなら〝ハーゲンダッツ〟ですがな」(笑)。それに対して中内さん、「今、ちゃんとハーゲンダッツと言うたでしょ」(ブスッ)。こんな些細なことでも自分の負けを認めない。

「今度、サンダカンという女性雑誌が出たらしいから、オレンジページの社長に対抗策を報告させてくれるかぁ」これも推測がついた。昔中内さんが、『サンダカン八番娼館』という小説を熱心に読んでおられたので、サンダカンになってしまったのだろう。オレンジページには「ヴァンサンカン」と正確に伝えた。フランス語で25を意味するヴァンサンカンを冠に二五歳前後の女性をターゲットにした、当時新しいコンセプトの雑誌だった。

「この冬の歳暮のコマーシャルやけどなあ、坂本〝りょういち〟でいこと思てるんや」なんと、ダイエーのコマーシャルに元YMOの坂本龍一を使うのか、素晴らしいアイデア！

しかし、残念ながらこれも修正をかけさせていただかずにはおれない間違いだ。〝りょういち〟と聞くと、浪曲の玉川良一を連想する。ジャンルがちゃう！

「CEO、あのミュージシャンの坂本でしたら〝りゅういち〟ですよ」と。すると中内さん、ちょっとムキになって「君なあ、なんにも知らんようやなあ。君は、坂本の次に〝龍〟ときたら坂本〝りゅうま〟と読むんか？〝りょうま〟やろ。だから、坂本〝りょういち〟でええんや」この後、中内さんは誰から何と言われようと「坂本〝りょういち〟」で通したのは、天邪鬼・偏屈の本領発揮である。しかし、よくこんな屁理屈で瞬時に切り返すことができるものだ。これだけの信念や瞬発力がなければ、巨大なダイエーグループを構築することはできなかったでしょう。いやはや……。

それにしても、齢を重ねようとも新しいものに食らいつくバイタリティ、それも言い間違いの恥をものともせずに突っ走る迫力はすざまじい。脱帽です。

よく中内さんは

「僕はやることが早すぎるんやなあ。人より五年先を行ってしまうから、誰もついて来られへん。金儲けするには、人の半歩先がええんやろなあ」

としみじみ語っておられた。

これを聞いて「何という自惚れ！」と考えられる方もいるかもしれないが、振り返ってみると「まさにその通り」と思う。

例えば、今流行のＰＢ商品。ダイエーが初のＰＢ商品「キャプテンクックのみかんの缶詰」を発売したのが一九六〇年である。その後、半世紀を経てようやくＰＢ商品が世の中に認知され受け入れられたわけだから、〝五年早い〟どころではない。

さらに「ノーブランド商品」。これはオイルショックの後一九七八年に発売されたものだが、ちゃっかり数年後にデビューした西友の「無印良品」がダイエーの〝ダサい〟ノーブランドのパッケージをオシャレに改良して取って代わってしまった。これは半歩先を目指した堤清二さんに出し抜かれてしまった。

五万円台のカラーテレビや夏の風物詩だったうなぎを年中食べられるようにしたのも、グリーンアスパラを世界中の四季の変化をとらえて調達しオールシーズン商品にしたのも早かった。企業スポーツへの取り組みも、「繊維から流通へ」のキャッチフレーズのもと、バレーボール、マラソンと、これまで「日紡貝塚」や「カネボウ」などの繊維系の〝お家芸〟だったものをいち早く取り込んで、日本のアマチュアスポーツの隆盛に貢献している。小売業というものは特許がないため、すぐに他社にマネされてしまう。だから他社が先に取り組むのを待って、それを改良して追い抜く方が現実的であるのも事実である。しかし、中内さんはそんなちっぽけなことを考えなかった。つねに、新しいモノ好き、パイオニアだった。

10 オーナーシップ、そして事業承継

場所は、東京は港区芝公園にある「クレッセント」という洋館のフレンチレストラン。お値段は高いですよ。その三階にオールドクレッセントルームという、まるでヨーロッパのお屋敷の一室のような部屋がある。恐らく六人は入れるだろうと思われる古色蒼然たる部屋で、床がぎしぎしと鳴り今にも幽霊が出てきそうな雰囲気だ。わたしは中内さんと二人だけで相対していた。ワイングラスを口に運びながら、しかしひと時も目をそらさずわたしを凝視しながら「河島はどうや?」と中内さんは切り出した。わたしは「彼はそんなことこれっぽっちも考えていませんよ」と答えた。

その当時中内さんは、ダイエーの再建を日本楽器製造(現ヤマハ)の社長だった河島博さんに一旦委ねていた。一九八二年、副社長に就任した河島さんは、実力派の評判に違わず一気に改革を進めた。そして業績は急回復し、「V革」と命名されたプロジェクトは河

島さんの思惑通りに見事に推移した。社内は、これまでの感覚的なオーナー経営とは一八〇度異なる、すべて「数字」と「合理性」で割り切りスピーディに判断していく科学的な経営手法に触れ、河島さん信奉者も大勢出始めていた。一方中内さんとしては、長男の潤さんに後を継がせることに決めていた。助っ人河島さんに業績を立て直してもらい、磐石の態勢にしてから潤さんにと考えていたようだ。

しかし、あまりの手際のよさに中内さんはかえって危機感を覚えた。河島さんは、ヤマハでも川上源一氏と経営をめぐって確執があったと聞いている。実際は、川上氏の一方的な思い込みで、河島さんに非は全くなかったようだが。このままいくと河島さんが中心の会社になってしまうのではないか。そんな思いがよぎったのだろう。一九八六年にわたしを自分の秘書から息子の秘書に配置転換したことには、そのような背景も多分にあったと思われる。

当時、河島さんと潤さんは隣合わせの部屋におり、その前に秘書スペースがあったため、潤さんの秘書として座っていると両者の動向が手に取るようにわかったのだ。わたしに「河島をしっかり監視せよ」というのが人事異動のメッセージだったのだ。しかしわたしが見る限り、河島さんにそんな野心は全くなく、むしろ潤さんにスムーズに引き継ぐことが自分の使命だと思っておられた。このことは何度も報告していたが、残念ながら結局のところ中内さんは河島さんを、買収したリッカーの社長にすることでダイエー本体からスピンアウトさせることにされた。

かつてフィリピン戦線で極度の飢餓状態の中、居眠りでもしようものならどうなってしまうかもわからないような異様な状況のもとで「友を信じて眠ろう」と考えられた人が、この度は我慢できず自分から相手を排除してしまったのだ。

このオーナーシップに対する執着は、後のダイエーの経営をも圧迫することになる。巷間取りざたされる「ダイエーは何故〝破綻〟したのか」というテーマについて、多くの場合「多角化が原因。何でも欲しがる中内さんの貪欲さが、破綻を招いた」と結論付けられている。

しかし、ダイエーの経営に携わってきたわたしは、「多角化」の一言でことを済ませるわけにはいかない。むしろ、ダイエーが多額の資金を投じて買収した、マルエツ、ユニード、アラモアナショッピングセンター、リクルートなど、銀行の指導で売らざるを得なくなったが、年々十分なキャッシュフローを生み出していたし、その売却金額たるや取得費用を大きく上回るものだった。また、コンビニエンスストアのローソンもセブンイレブンに後れを取ったとはいえ、業界第二位の地位を固め、時価総額七〇〇〇億円で東証一部上場を果たしている。

このようにダイエーの多角化は収支で判断するなら成功していたということができ、将来の成長性を考えるとダイエー本体をはるかに凌駕していたのである。では何が原因だったのか。

わたしは「オーナーシップへの執着」がその主たる原因であると確信する。詳しいスキームはここでは省略するが、中内家がダイエーの株式シェアの二〇％超を確保するためにかけたコストは想像を絶するものであった。それだけの金額があれば店を何軒作れたか。そして次世代のネット系の商売等新規ビジネスに備える有益な研究開発や試行錯誤がどれだけできたことか。

また、そんな中で事業承継もうまくいかなかった。後継者の潤さんへのバトンタッチをしそうでしなかったのだ。中内さんほどの人でも、事業承継のタイミングについては迷いが出てしまった。副社長、そしてCOOにしておきながら、突然COOを剥奪したりした。

原因は、社内の大多数が潤さんを向いて仕事をし始めたことにあり、結局のところ河島さん〝解任〟の時と同じような感情に負けてしまったと思えるのだ。これは社内に大混乱をきたした。わたしのように中内さんが一線を退けば自分の役割は終わると考えていた人間はともかく、これからの人たちは時の権力者にどうしてもなびいてしまうものだ。一時中内さんは、「自分の味方はもはや社内に三人しかいなくなった」と嘆いていたことがあるが、親族といえども主役の座を譲るというのは心情的に難しかったのか。

感情を脇に置いて考えると、次世代の業態として鳴り物入りで導入したハイパーマーケット業態がダイエーの利益を大きく圧迫したこともあったのかもしれない。しかしこのハイパーは中内さんの肝いりでもあったのだ。わたしが経営企画の責任者だったときに、「ハイパーマーケットの業態は二〇店舗で年間二〇〇億円もの赤字を出しています。それをGMS（総合スーパー）やSM（食品スーパー）といった他の業態で穴埋めしているんです。この際、特損を出してもハイパーはやめるべきです。むしろ、関連会社のローソン、OMC、リクルート、オレンジページを伸ばし、ダイエーはGMSの旗艦店と食品スーパーだけにすることが二一世紀に生き残れる戦略です」とデータに基づいてプレゼンした。

しかし中内さんの反応はというと、「君はいよいよ気が狂ったんとちゃうか。二一世紀の業態として育てなあかんハイパーを否定するんか？」と恫喝された。わたしの戦略が当たっていたかどうかは全くわからない。また金融機関も賛同してくれたかどうかも不明である。しかし、黒字化の目処が立たないハイパーマーケットに執心するよりは断然よかったと今でも思っている。店舗というのではなくグループという観点で、二一世紀に生き残る企業集団として成長できたのではないかと思うのだ。

わたしはこうした経験に基づいてこのように考える。

「創業者というのは大体において、一〇のことを言うと七は外れていて、三ぐらいしか当たらないものだ。しかし、その三が光り輝いているので、七の外れなんか全く気にならない。しかし、三がジャストミートしなくなると七の外れが際立ってきて、どうしようもなくなる。創業者の引き際は、そのあたりのタイミングだ」と。

あの長嶋茂雄でも、全盛期はど真ん中のストライクを見逃した後、ボール球を場外ホームランしたものだが、晩年はそれができなくなった。引退のセレモニーを準備するタイミングだったのだ。振り返れば、中内さんもそれがわかっていたように思う。

一九九四年の冬にハワイのアラモアナショッピングセンターを完全買収できる目処がついたときに、自分はハワイに移住してあとは後進に道を譲ると言い、グリーンカードの取得手続きまでしかけたことがあった。実際に、高級住宅街カハラ地区のワイアラエカントリークラブの脇にあるスペイン風の邸宅を購入する直前までいっていた。ところが、一九九五年一月一七日未明に起きた阪神淡路大震災がすべてを狂わせた。

このときの中内さんの活躍は本当に素晴らしいもので、後世に語り継がれるほどのものだった。

その日、中内さんは田園調布のご自宅で早朝五時四九分のNHKの臨時ニュースを見て、瞬時に動いた。七時には浜松町オフィスセンター（実態としてはここに本社機能があった）に災害対策本部を設置し、四〇〇人近い応援部隊を東京や福岡から神戸に送り込むことを決めた。もともと定例のモーニングミーティングが午前八時から行われる予定であったが、それも中止し、物資を神戸に運び込むための陸海空の運搬手段の確保に入った。都市交通機関が機能停止する中、ヘリコプターで神戸ポートアイランドについた救援部隊の面々は歩いて三宮に向かった。ポートアイランドは埋め立て地で液状化しており、泥だらけになりながら二時間かかって被災現場に到着したと聞いている。ダイエー社内報「PS」によると、震災当日から三日間どのような活動をしたかが表になっている。

ちなみに当時の村山内閣が対策本部を設置したのは午前九時前であった。さらに、中内さんは「ダイエー、ローソン問わず、開けられる店はすべて開けるように。開けられないとしても明かりをつけろ。カップラーメンなどの食料を送るから、路上でもいいから売るように」と指示を出した。

これは被災者の心に勇気を灯したと高く評価された。二トン車で三宮に運び込まれた

【1/17】	
5:46	地震発生
5:49	中内㓛社長、ニュースで知る
7:00	東京浜松町オフィスセンターに「災害対策本部」
8:00	現地対策本部設置と17日の定休日の返上を決定
11:20	川一男専務ら10人がヘリコプターで現地へ
13:10	東京240人、福岡120人の応援部隊出発
15:00	現地対策本部が活動開始
18:00	災害対策本部と現地対策本部間で衛星通信稼働
【1/18】	
9:00	福岡からタンクローリー2台、11トントラック5台を載せたフェリーが大阪・泉大津港着。水、おにぎりなどの物資配送
【1/19】	
8:00	チャーターフェリーが物資を積んで大阪・南港から加古川・東播磨港へ出航
11:00	ヘリコプター3機で物資を伊丹空港から神戸市北区の消防学校に空輸
【1/20】	
16:00	中内社長、関西国際空港からK-CATを乗り継いで神戸市の現地へ
【1/22】	
16:00	中内潤・副社長が神戸入りし、現地対策本部長を引き継ぐ
【1/24】	
14:00	中内社長、神戸で会見、市中心部で大きな被害の店舗見直しなどを発言
【1/30】	
16:30	中内社長、東京で会見、500億円の被害と、経団連副会長辞任を表明

ダイエーはこう動いた
（1995.2.2付　読売新聞より）

二〇〇ケース分のカップラーメンは、一個一〇〇円で瞬く間に完売したそうだ。

この時の中内さんの救援活動について、吉本隆明さんは次のように述べている。

「同じ神戸に拠点を持つ山口組はただで物品を配ったのに、ダイエーは安価ではあっても金銭を取って商品を販売した。そう批判する人もいた。しかし、商人は物を売るのがプロだ。たとえただで配ったとしても被災者三〇万人すべてに行き渡るものではない。かえってパニックの原因ともなりかねない。ただで配るのは市民の尊厳を冒涜する行為であって、経済人として慎むべき行為である」

凡人は、人目を気にしてタダで配ってしまうだろう。しかし、中内さんは歯を食いしばって商人としての理念を貫いた。吉本さんは、その中内さんの活動を心から支持した。政府の対応をはるかに凌駕するこの対応の速さ、そして商人として被災地に物品を揃えるためにあらゆる手段を講じた、しかも被災地の方々の自尊心にも配慮する形で展開された中内さんの救援活動。これは、中内さんが育った神戸の地に対する思い入れだけにとどまらず、商売で忙しかった家族とともにたまに食べたすき焼きの思い出、第二次世界大戦で死線をさまよいかろうじて生き延びた経験、戦後の闇市、ダイエーの創業から高度成長期の無敵の躍進等々、もはやセピア色に染まってしまっているかのような数々の体験が一気に噴出し、その集大成となったのではないかと思う。中内さんでなければ決してできないものだったと断言できる。

しかし、その後がいけなかった。一旦リタイアを決意したにもかかわらず現場に舞い戻り、前述の通り重要な局面で決断ができなくなり、ボール球もホームランできなくなってしまった。この緊急事態に対処できるのは自分しかいない、もう一度自分が求心力を発揮しなければならない、あるいは経営が安定してから息子に譲ろうという親心も働いたかもしれない。その当時の中内さんの心の奥底はわからない。本当に複雑である。

このようにオーナーシップの確保そして事業承継というのは極めて難しい。しかもその間に、未曽有の震災があったので、なおさらそう言える。しかし、次のひとつの法則は見出せる。「事業承継のタイミングで、早すぎるということはない。迷ったり、遅くなったりすると必ず失敗する。一度決断したら、実行する」本当に残念でならない。

11　天邪鬼は福岡ドームにて極まれり

バブル崩壊後の日本は、「グローバルスタンダード」てな言葉がアメリカから〝輸入〟され、ビジネスに対する取り組み方が変わった。「経済合理性」というような〝英語〟も輸入され、「本件を経済合理性の観点から考えますと……」というようにコメントすると皆が納得するという珍現象も頻発するようになった。

わたしに言わせると、「経済合理性」という英語を日本語に翻訳すると「損得勘定」ということで、人間味を表に出さず無機質に物事を判断するイメージで面白みがないことこの上ない。日本に大物経営者が出なくなったのはこの頃からだとわたしは個人的に思っている。

一方、中内さんほど経済合理性が当てはまらない人は世の中にいないのではないかと思う。それは裏を返せば「おもろい！」ということなのだが、金儲けが下手だったということにもつながる。とにかく損得勘定はそこそこにして夢とロマンを追い求める。そして何よりも「天邪鬼」なのだ。

中内さんが天邪鬼であることは、すべての人が認めるところである。何せ、心臓が右にあって肝臓が左にあるのだから、これは半端ではない。主治医の江原先生によると何万人に一人の割合で大変珍しく存在するとのことである。

かつて、医学博士であった漫画家手塚治虫が描いた名作『ブラック・ジャック』で、こんな患者が出てきたように記憶する。腹痛を訴えた患者の腹を開いたところ、内臓が左右逆にあったため、助手のピノコに鏡を持たせてその鏡を見ながら手術をした、あれだ。医学的には「内臓逆位」というそうだが、文字通り何かにつけてすんなりとはいかない。とにかく手間がかかる。だから、というわけではないだろうが「普通に考えるとこうだが、実際にやることは逆」、あるいは「別にそんなことに目くじらを立ててもしようがないでしょう、というようなことに、とことんこだわる」ということが中内さんについてはいくつもある。

例えば、全盛期の中内さんは毎晩「吉兆」や「つる家」といった超高級料亭で会食をしていた。当然、そんな場所で会うわけだから、相手は銀行の頭取や一部上場会社の社長クラスである。その際に、足をお運びいただいたエグゼクティブの方々に必ずお土産を渡すのが常だった。このお土産を何にするのかということに、中内さんは結構こだわっていた。

これに関係する秘書の業務としては、翌日の会食のお土産について三つほどの案を作って中内さんに答申しなければならなかった。こんなことまで中内さんが決めていたのかと不思議に思われるかもしれないが、実際これが秘書の日常業務のひとつだったのだ。しかも、たいていの場合前日の夕方でないと〝決済〟してくれないため、ギリギリのタイミングでの答申となり毎回「一発勝負」のひと騒動だった。大体、秘書がお伺いを立てる案はダイエーで売っている生鮮物で、ステーキ肉や季節の果物だった。よく考えてみると会食の相手は毎日違うわけなので、別に毎回同じものをお土産に持って行っても全然問題ないと思うのだが、そうはいかないのが中内さんなのだ。再三再四裏をかかれ、その日のお土産案が三つ書いてある答申メモに赤いサインペンで「君ら、いつもワンパターンで頭が固いね」と言わんばかりに別の商品が書いてあったりしたものだ。それは、少し前の会食で中内さんがお相手からもらったもの（家に持ち帰ったところ、家族に大変評判が良く「うちの秘書ももっと勉強しないとね」みたいなことを言われたりした商品）であったり、プランタン銀座の女社長石井智恵子さんから「使ってくださいよ」と頼まれた商品だったりで、秘書が「そんなの知るわけないでしょ」というようなものなのだ。しかもそれを翌日の会食に間に合わせるべく、急いで調達しなければならないのだから、本当に大変だったのである。まあ、こんな瑣末なことに至るまで常人ではありません。

数ある天邪鬼の中でも最たるものは、平成の時代に入って取り組んだ福岡ドーム事業にとどめをさす。これは福岡市北部の地行浜にある五万一〇〇〇坪の広大な埋立地に、日本初の開閉式のドームスタジアム・一〇〇〇室規模のリゾートホテル・そして「ファンタジードーム」と呼ばれるドーム型の屋内アミューズメント施設を建設する二〇〇〇〜三〇〇〇億円のビッグプロジェクトだった。当初は「福岡ツインドームシティ計画」と呼ばれていたが、最終的には一方のファンタジードームは通常の建物のショッピングセンターに計画変更されることになる。いずれにしても、とても一社で丸抱えできるとは思えないような壮大な事業である。当時のダイエーが抱える巨額の有利子負債を考えると、現在のような資本市場の視線にさらされつつ経営の舵取りをしていかなければならない環境下では、とても無理なプロジェクトであったのではないかと思われる。しかしながら、一方でアジアの玄関口としての福岡にこのようなシンボリックな施設を作るという観点で考えると、これは地元福岡の、ひいては九州全体の未来を見据えた夢のプロジェクトといえるものだった。

その中のドームスタジアムについてである。ホテルやショッピングセンターについてはすでに取り組んでいたダイエーであるが、このようなスタジアムを建設し所有・運営するというのはダイエーの事業ドメインとは著しく異なっていたため、果たしてこのスタジアム建設にダイエーがもろに関与してよいのかという議論が社内にあったのも事実である。そのようなわけで、このプロジェクトの総責任者であった鈴木達郎専務は水面下で動き、地元のディベロッパーである福岡地所が当時保有し大規模なショッピングセンターを建設することになっていたカネボウの工場跡地と等価交換することで福岡地所の榎本一彦社長（当時）とほぼ話をつけていたと聞いている。鈴木専務は、その後若くして亡くなられているので、真相は闇の中であるが。

ダイエーとしては企業イメージ向上のために球団は保有しているが、球場は使うときだけ借りればよい。まして野球の試合で年間に使用する日数はわずか六〇日程度であるから、もし球場まで保有するとなると、野球以外の日に使ってくれる先を探してやりくりしていかなければならない。四万人からの入場者が見込めるイベントを頻繁に開催できる、そんな興行師のようなノウハウはダイエーにはないのだ。

さらに言うなら、この計画は屋根が開閉式のドームが絶対条件だった。というのは、福岡市からこの五万一〇〇〇坪の埋立地を払い下げてもらうために、コンペが行われたわけだが、これにダイエーが勝ち残った大きな要因が「球団のフランチャイズを福岡に持ってくる」ことと、この「日本初の開閉式ドーム建設」だったのである。

しかしこれが事業計画を大きく圧迫する。開閉式の場合、その屋根には軽くて耐久性がある素材が必要となり、必然的にチタンなどの高価な金属を使用することになる。さらに、屋根をスムーズに開けたり閉めたりするための装置にも多額の電気代がかかり、イニシャルの建設コストもその後の運営コストも、テントを張っているだけのようなエアドームの東京ドームとは比べものにならない。倍以上の膨大な建築費がかかるのだ。にもかかわらず、座席数（収容人員）は同じ、つまり収入は屋根が開閉式であろうがテントであろうが同じであるため、とても投資回収は難しいだろうと言われていた。

一方、ショッピングセンターはダイエーのお手の物で、いわば本業である。カネボウ工場跡地の商業地としてのポテンシャルを考えても、この交換案が現実のものとなれば大変論理的で道理にかなった話である。事業領域の観点からも総投資額の削減の観点から考えても、つまり「経済合理性の観点から」誰もが納得できる大変リーズナブルな話だと常識的には思われる。「鈴木さんと榎本さんは本当によく考えた。絶対にそうした方がよい！」と心の底から思えるものだ。当然のことながら、中内さんも当初この交換案を承知していたはずだ。

しかし、ここからが中内さんなのだ。一筋縄ではいかない。天邪鬼の本領発揮である。誰もが考えて「そうそう」とうなずく案が必ずしも成功するとは限らない。中内さん曰く「取締役会全員一致で決定というパターンは、あかん。成功したためしがない。九人反対で自分だけ賛成、これが成功の秘訣や。絶対成功させたるという気持ちが入る。それに引き換え、全員一致というのは安心してしもて、気ィ抜きよるから失敗する」と。そういう基本的な考えがあったかどうかはわからないが、ある日突然、「ドームは自分でやる（所有・運営ともにダイエーがやる）」と言い出した。恐らく中内さんにしてみれば、球団は自前で持ちながら、球場は借り物というのは納得がいかない。球団には年間二〇億円もの広告宣伝費と称する金を補填しているのだから、どこかでこの補填分を取り返さなければならない。球団・球場一体運営しかないと考えたことと推察するが、こんなダイナミックな思考ができる人間は社内にはいない。しかも、日本で初めての開閉式ドームである。自分のほかにいったい誰がやるというのだ。ある人は、ドーム事業は次男の正氏のために急遽取り分けたと言うが、中内さんはそんな甘っちょろい人ではない。親族でも切り捨てることができる。やはり、大きな視野でダイエーグループ、福岡、アジアというふうに見据えていたものと思われる。どんでん返しの指示を受けたプロジェクト責任者の鈴木さんは怒りのあまり机を蹴飛ばして中内さんの部屋から出てきたそうである。そして、その後気を取り直して何度も福岡地所に赴いて中内さんの意向を通すことになったようだ。

実は、中内さんは衝動的に見えて非常にしたたかで、並行してドームスタジアムの経営の秘訣を探りに、世界中で唯一の開閉式ドームスタジアムである大リーグのトロント・ブルージェイズの本拠地スカイドーム（現ロジャース・センター）を視察させていた。そして、どのようにして事業化したかについての調査報告を受けて、一定の手ごたえをつかんでいたのである。

そのトロントスカイドームの視察に行ったのは、あまり言いたくはないが当時（かばん持ちから脱皮して）事業企画のミッションを帯びていたわたしと、中内さんの秘書の宮島和美さんだった。宮島さんは後に化粧品会社のファンケルの社長になられる方だが、身の回りの秘書業務をやらせたら右に出る者はいなかったというぐらいの方だ。カズオ・イシグロ作の小説『日の名残り』に出てくる名執事ミスター・スティーブンスか、P・G・ウッドハウスのユーモア小説に登場する完璧な執事ジーヴスを彷彿させる。実家が老舗旅館を経営しているからかもしれないが、いずれにしても単なるサラリーマンの息子とは全く異なる。ちなみに中内さんの勲一等瑞宝章受章や経団連副会長就任は、宮島さんが〝影の功労者〟と言っても過言ではない。

さて、中内さん、「開閉式ドームスタジアムについていろんな人に聞いてみたけど、『あれは凄い』と言う人と『やめといた方がよい。なぜなら屋根に雨水が溜まって、開く時に雨が滝のように流れ落ちてくるので、それ以降開閉されなくなった。いわゆる〝開かずのドーム〟になっている』という両極端の意見なんや。実際のところどうなんか、トロントに出張して見てきてくれるかぁ。ついでに、事業計画を聞いてきてくれや」との指示をしてきた。我々にはすぐに中内さんの意思が透けて見えた。やはりドームは自分でやりたいんだと。福岡地所との交換案もうすうす察知していただけに、これから本当にややこしいことになるなあという胃が痛む思いと、一方で見たこともない開閉式ドームスタジアムとはどんなものなんだろうという興味津々の、なんとも言えない複雑な気持ちで成田空港を飛び立った。

トロントに到着して最初に訪問したのは、スカイドームを施工した建設会社エリス・ドン社である。担当役員のザイファート氏から、着工から竣工に至るまでのスライドを交えた資料をもとに概略の説明を受け、その後実際にスカイドームの隅から隅まで見学させていただいた。ドームの屋根の上にまで登ったり、可動式の座席の裏側、さらにはバックスクリーン側にあって野球を観戦できるホテルの客室など、いわゆるバックステージツアーをしたわけだ。また、中内さんのクエスチョンであった「雨水が滝のように流れ落ちる〝開かずのドーム〟」という噂についても聞いてみた。彼は大笑いしながら「それはモントリオールのオリンピックスタジアムのことで、確かに〝開かずのドーム〟だ。しかし、屋根の構造は〝テント〟のようなもので、傘を閉じるようにワイヤーでテントをすぼめて天井が開く際に、確かに雨水が流れ落ちて観客がびしょぬれになったことがあるようだ。それ以来、あそこは屋根が開いたことがない。スカイドームと同列で比較されたら困る。レベルが違うんだから」とのことだった。当時はインターネットもなく、正確な情報を取るのに時間とコストがかかったものだ。

余談になるが、このスカイドームホテルには面白い逸話があることもザイファート氏は教えてくれた。それは、その日に我々が宿泊することになっていた、スカイドームのバックスクリーンにあるホテルの話だ。野球の試合中に観客がピューピュー口笛を吹き出した。そして観客の視線がバックスクリーン側にあるホテルの方に釘付けになり、野球どころではなくなった。実はそのとき、ホテルの一室で男女がいちゃいちゃしている姿が、床から天井まで大きく開いたホテルの窓から白日の下に晒されてしまったというのだ。しかも、その上にある巨大スクリーンにもその光景が映し出されたとか出されなかったとか。だから、バックスクリーン側にホテルは作らない方がいいよ、とのアドバイスだった。なるほど！こんな話も現地に来てみないとわからない。このプロジェクトは最初から波乱含みだ。

翌日、ドームの屋根が開いた状態でのトロント・ブルージェイズの試合を観戦した。コカコーラとフレンチフライがこんなに美味しいものだったのかと生まれて初めて感じた。コンバーチブルのスポーツカーに乗っているような清々しさだ。そして、試合後にはドームの屋根が閉まる〝ショウ〟を見ることができた。スカイドームの屋根は開閉する際の動きが面白く、最終的に屋根が一ヶ所に収納されるまで四つの屋根がどのように動いていくのか、初めて見る人にはわからない。このショウを見た観客が、拍手喝采で大きな歓声を上げるところは圧巻だった。屋根の開閉自体がこんなにインパクトのあるものだとは想像していなかった。また、夜にはコカコーラやＩＢＭなどのトロントに拠点のひとつを置く大手企業が〝権利〟を持っている観戦ルームを順番に見せていただき、この観戦ルームという〝商品〟を売ることによって投資をどの程度回収したかをヒアリングすることができた。「面白いビジネスですねえ」と宮島さんと顔を見合わせた。こうして納得のいく事業ストラクチャーを聞くにつれ、これは素晴らしくダイナミックで血湧き肉躍るビジネスだと惚れ込んでしまった。

しかも、ドームの面前には広大な、海とも見まがうような広大なオンタリオ湖があり、ヨットが浮かび自家用飛行機がタッチ&ゴーを繰り返して空を舞っている。隣には未来都市の絵に出てくるようなCNタワーが聳え立つ。これはまさに福岡ドームのロケーションにそっくりではないか！　しばらく口もきけずに呆然とその美しい景色に見入っていたものだ。そして、宮島さんともどもコロッと「ドームスタジアムを自分でやると言った中内さんは正しい！　この事業はダイエーとしてやるべきだ」と考えを変え、一気に〝改宗〟してしまったわけだ。

出張の道中、わたしたちはニューヨークのヤンキースタジアム、そしてロサンゼルスのドジャー・スタジアムも見学した。特にドジャー・スタジアムでは、当時のオーナーのピーター・オマリー氏との面談も実現し、ブルックリンから移転してくるときにヘリコプターで上空から見てこの場所に決めたという裏話もお聞きすることができた。本当に、上品で温厚な「これぞアメリカ大リーグの球団オーナー」というべき素晴らしい方だった。そして、通訳も兼ねて同席いただいた副社長のアイク生原氏も大変魅力的な方で、お忙しい中自慢のドジャー・スタジアムを隅々まで案内してくださった。そして、ドームスタジアムを作ろうとチャレンジしているダイエーのことを高く評価してくださり、わたしたちを心から激励してくださった。〝オマリーファミリー〟の温かさに触れ、アメリカの大金持ちの度量の大きさを実感することができたのは、ビジネスマンとしての非常に貴重な経験だった。しかし、是非とももう一度行ってみたいと思わせる球場としてのインパクトと、経営の妙味からいくとスカイドームが圧倒的に面白く取り組み意欲の湧くものだった。「福岡ドーム事業を何が何でも成功させるぞ！」という使命感が心のうちにムラムラと湧き上がってくるのを感じるトロント出張だった。

帰国後、トロントでヒントを得た観戦ルームや広告看板等の収入を加味して、建物の投資額は仮置きではあったがわたしなりに開閉式ドームスタジアムの事業計画を作り、中内さんにプレゼンをした。初年度から黒字というわけではなかったが、減価償却費が大きくキャッシュフローはプラスの計画だった。中内さんは「ほれ、みてみい。頭ひねったらできるやろ」としたり顔だった。そして、まじめな顔に戻って「鈴木さんに、ドームはダイエーでやるということを言わなあかんな。まあ正式にやると決まったら、いっぺん僕もトロント行って勉強してくるわ」と身を乗り出して言うのだった。

それにしても、このトロントの現場も見ずに、そして社内外の軋轢をものともせずに、ドームスタジアム事業に取り組みたいと考えた中内さんは、やはり稀代の事業家であった。アドバイスを求めた複数の世界的に有名なコンサルティング会社は口を揃えて「開閉式ドームなんて、どうひっくり返してみても儲からないからやめた方がよい。今からでも遅くないので、東京ドームのようなエアドームに計画を変更すべく福岡市と掛け合うべきだ」と言っていたものだ。しかも投資金額は半端じゃない。二〇〇〇億円を超えるんですよ！　やったこともないスタジアム経営。銀行は借入を認めてくれるのか？　様々なネガティブ要素が存在していた。まさに経済合理性の観点からすると×である。それでも「やる」と意思決定するのだから、単なる天邪鬼ではない。しかも、交換するはずだったカネボウ工場跡地の商業施設は、現在「キャナルシティＯＰＡ」としてダイエーグループが所有はしないものの運営に携わっているのだ。一方を捨てたようで、ちゃっかりと関与している。このダイナミックな考え方、類まれな洞察力、そして何よりも本当にやってしまう意志の強さと行動力というものは、今となっては本当に懐かしく思い出される。本当に筋金入りの天邪鬼だった。

12 リスクマネジメント――「沢庵の尻尾齧ってでも……」

紆余曲折の末取り組むことになったドーム事業だが、完成するまでの間に大変な事件に発展することになる。ドームを建設するに当たって、ダイエーは著名な建築家の磯崎新氏を起用し、その設計コンセプトに基づいて大手ゼネコンに建築費を見積もらせる入札を行った。なんと言っても日本初の開閉式ドーム、夢のプロジェクトである。同じ九州の大分県出身である磯崎先生も大変な力の入れようだった。

コンセプトは、全体像は古代の円形競技場の「コロシアム」のイメージで円筒形、開閉式の屋根は二枚羽根で野球のときは扇形に、アメリカンフットボールのときは平行にスライドする「デュアル開閉式モード」という世界初の個性的で素晴らしいものであった。これならトロントのスカイドームを上回るものができると、関係者全員が確信できる傑作だった。いよいよ、入札に応募する意向を表明していた竹中工務店・大林組・清水建設・飛島建設（トロントスカイドームを施工したエリス・ドン社と提携関係にあった）といった大手ゼネコン各社が金額を出す日となった。固唾を呑んで待っていると、軒並み一〇〇〇億円超の提示となった。東京ドームの建築費が二八〇億円といわれていたことからすると約四倍である。これでは根本的に事業計画が成り立たない。しかし、ただ一社前田建設工業だけが四七〇億円という極端に低い金額で札を入れてきた。これは、前田又兵衛会長の強い思い入れで是非ともドームを受注したいという意欲の表れだったと聞いている。老会長の鬼気迫るオファー！　こんなことがあるのだ。これで、受注は前田建設に決まったようなものだと誰もが思った。なにしろ半額以下なのだから、どこも追随できるはずがない。

福岡ドーム会社の建設責任者であるT専務、彼はダイエーの店舗企画部から出向していた人物でこうしたコンペに手馴れていた。彼も「前田で決まり」と確信したことだろう。そこで、T専務は入札の状況を踏まえ入札結果が確定する前に前田建設が福岡で使うと思われる下請け会社の一社にいち早く接触し、工事を発注することを約束したようだ。そして、その見返りとして（後日発覚するのだが）多額の裏金を受け取っていたのである。

こんなことは当然誰も知らないことだったが、中内さんが水面下で動き出した。これまた天邪鬼の本領発揮である。中内さんはこう考えた。前田建設は確かに良い会社だとは思うが、今まで使ったことがない。店舗の建設で一番品質が良かったのは竹中工務店だ。しかも東京ドームも作っていて、スタジアム建築にも実績がある。やはり、前田建設に発注を決める前に、昔から親交のある竹中錬一会長に頼んでみようということで、中内さんは当時病院でリハビリ中だった竹中会長に電話をした。「会長、四七〇億円で開閉式ドームを作ってくれませんか」と頼んだところ、竹中会長はすぐにダイエー担当の中出専務に検討を指示したようだ。

中出専務は人間味あふれる魅力的な方でわたしも大変親しくしていただいたが、仕事となると本当に体を張って受注案件を取りに来る凄腕の営業マンだ。時をおかずに中内さんのところに飛んできた。しかも、竹中工務店独自案の模型まで持参して。その模型は、現在の福岡ドームそのもので、あの五万一〇〇〇坪の敷地の中のドーム建設対象部分にぴったりと納まるものだった。いつの間にこんなものを作っていたのだろうか。中内さんの性格を知り尽くしていた中出さんは、こんな展開をあらかじめ想定していたのかもしれない。中出さんは、竹中案はデザイン性や話題性では磯崎案に劣るかもしれないが、野球をする側に立ってみると日陰の問題や圧迫感がなく優れていることをプレゼンした。そしてこの案であれば四七〇億円で引き受けさせていただきますときっぱりと言い切った。聞き終わった中内さんは真剣な表情で立ち上がり「中出さん、今はそんなこと言うてるけどやなあ、着工してから追加工事を連発して金額上げようと思てんねやろ。こっちも本気や。そう簡単には騙されへんで」ともの凄い迫力で中出専務に迫った。交渉の火花が散った。それに対して中出さんは、野球でアンパイヤに猛然と抗議する監督のように中内さんに体当たりせんばかりに逆ににじり寄って「中内さん！　言うにこと欠いてなんちゅうことを言わはりますねん。そんなことあらしまへん。必ず四七〇億円でやらしてもらいます。竹中工務店として約束させてもらいます」と押し返したのである。痩身の中出さんだが、その迫力はもの凄い！　まさにホッキョクグマとセイウチの戦いのようだ。「よっしゃ、わかった。中出さん、あんたを信じよう」竹中工務店が福岡ドームを受注した瞬間である。そのときの中内さんのニヤリと微笑んだ顔は今でも覚えている。最終的に中内さんは前田建設工業の心意気を汲んで、このドームと後に建設するホテルは竹中（メイン）―前田（サブ）のＪＶ（共同企業体）で取り組むことになったことを付け加えておく。

さあ、しかしこれからが大変だ。直後に中内さんから「君なあ、磯崎センセのところへ行って断っといてくれるかあ」との指示が出た。なんで自分にこの役割が回ってくるのかと思ったが、誰かがこのいやな役目を果たさなければならない。すでに設計料は支払っていたので、金銭的な問題はないが先生のプライドはどうなるのか。いずれにしても、こうしたことは早いに越したことがない。翌日、赤坂の事務所にお伺いして丁重にお断りした。先生もさすがに大物建築家である。怒るでもなく泰然自若とした態度で、顔色ひとつ変えずに「わかりました」と受けてくださった。

竹中受注が決まりしばらくして、T専務が金をもらっていた下請け会社から中内さん宛てに一通のクレームの手紙が届いた。二億八〇〇〇万円もの金をT専務に渡したのに、発注できなくなったとはどういうことかという内容である。びっくりした中内さんは、当時ゲストハウスとして使用していた渋谷区広尾の日赤病院向かいにあるマンションの一室に専務を呼び出し、宮島さんやわたしをはじめ数人立会いのもと事情聴取した。

手紙をテーブルの上に叩きつけて、これはどういうことだと問い詰めた。T専務は意外にもあっさりと事実を認めたが、その二億八〇〇〇万円の使途を聞いてその場は凍りついた。「市長に五〇〇〇万円、局長に三〇〇〇万円、課長に一〇〇〇万円……残りは住宅ローンを返済しました」と言うのである。

専務の言った額を合計してみると大体二億八〇〇〇万円になる。中内さんは当時流通業界から初めて経団連副会長に就任することが確定していたが、こんな言わば〝疑獄〟に発展するかもしれないような自白を聞いて、これは大変なことになったと膝が震えたに違いない。とにかくT専務を別室に隔離し対策会議が始まった。同席者の総合商社出身のK顧問（故人）が即座に「このことは闇に葬りましょう。専務には自主的に辞めてもらって、下請け会社には金を全額、利息もつけて返したらわからない。すべての交渉は自分がやりますから」と持ちかけたのも無理もない。このK顧問は、特攻隊の一員として飛び立つのを待っているときに終戦が来たという特異な経験を持つ方だった。相手を恐れず筋を通すK顧問に対する中内さんの信頼が厚く、このような難しい対応を迫られるときに必ず同席していた。

しかし、同じく同席していたさくら共同法律事務所の弁護士河合弘之先生は「そんなことは絶対にやってはいけない。中内さんには申し訳ないが、ダイエーとしてT専務を〝不正の請託〟という理由で告訴し、世の中には洗いざらい正直に全部話した方がよい。隠してはいけない」とアドバイスした。河合先生は、オーナー企業の顧問を多数引き受けていて、中内さんが相続問題を相談するくらい親密な関係にあった。また、中国残留孤児問題を扱うなど奉仕の精神も持ち合わせている、道理をわきまえた心優しい先生だ。

さあ、中内さんはどうするか。少し間を置いてから中内さんが口を開いた。「そやなあ、確かに隠してもしょうがありませんなあ。河合センセのいう通りや。明日ダイエーはT専務を告訴し、自分は経団連に辞表を出しますわ。君らはセンセと一緒にT専務を連れて福岡地検に告訴の手続きに行ってくれ。まあ、もともと何もないところから始めた会社や。沢庵の尻尾齧ってでも生きていけるわ。また一から出直しや」との判断を下したのだ。

またまた天邪鬼な性格がでたのか？ K顧問の言うとおりお金を返せば全く表沙汰にならないのではないか？ まして、その年の一月に流通業界で初めて就任した経団連副会長の椅子を放棄しなくてすむのではないか？ いやいや、こういう追い詰められたときの中内さんは本当に潔いのだ。いざとなったらすべてを捨てて、地面をはいずり回ってでも生きていくという覚悟を持っていた。わたしは、またいやな仕事が来たなあと思いつつも「さすが中内さん。オネストの本領発揮。素晴らしい決断です！」と、心の中で絶賛の拍手をしていたのである。

翌日またしても思わぬ展開が待っていた。早朝、宮島さんが福岡地検にT専務を〝連行〟するべく、専務の宿泊する新宿の単身赴任寮を訪ねた。すると、専務がぼそぼそと話し始めたそうだ。内容はこうである。

「昨日の話は全部うそでした。二億八〇〇〇万円は、ほとんど株で損をしてなくなりました。あとは住宅ローンを返済したのと、高級ゴルフセットを買っただけです。〇〇証券蒲田支店長に問い合わせていただいたら、すべて明らかになります」

驚天動地とはこのことで、もうわけがわからないという気持ちだったが、中内さんはラッキーだなあとしみじみと感じた。中内さんには宮島さんがその場で電話で報告をして経団連への辞表提出を止めた。その後、宮島さんとわたしはとりあえずT専務を福岡地検に〝連行〟し、とんぼ返りで急いで件の証券会社に行って調べてみた。

何と、これは真実だった。専務がなぜこんな多額の金額を失ってしまったのか、株投資の履歴をたどっていくと明らかになってきた。日本の株式市場は一九八九年の年末の大納会のときが日経平均株価三万八九一五円という史上最高値だったが、その後バブルが崩壊し株価は一気に急落した。専務が金をもらい株式投資をし始めたのが一九八九年も終盤に差し掛かった頃だった。いかにも時期が悪かった。翌年に入って株価急落の中、専務は損を取り戻そうと信用買いでどんどん突っ込んでいったため、受け取った金額のほとんどは消えてなくなってしまったのである。「悪銭身につかず」の典型的なパターンだった。

専務が事情聴取のときに、福岡市の幹部に金をばら撒いたと偽りの証言をしたのは、中内さんがびっくりして、これを覆い隠そうとすると考えたのだろう。自白したときのその落ち着き振りからも、もし事がバレたらこう言おうと決めていたフシがある。あのとき、商社出身のK顧問が提案した対応策を取っていれば、まさに専務のストーリー通りにことが運んだことと思われる。しかし、そうはいかなかった。中内さんを甘く見ていたのか？まさかそんなことはないだろう。弱い人間であれば、経団連副会長になった途端の不祥事はもみ消そうとするとしても不思議ではない。もしT専務の思惑通り事実を誤認したまま事件を闇に葬っていたとしたら、ダイエーと福岡市の信頼関係はどうなっていただろうか。福岡ドームも、今のように光り輝いてはいなかっただろう。しかも隠そうとした事柄はいずれ白日の下に晒されるものだ。そうなると苦労して作った福岡ドームは〝黒いドーム〟として語り継がれていたことだろう。

中内さんのオネストが真実を明らかにし、物事をあるべき方向に導いたのだ。河合先生のアドバイスも、本当に素晴らしいものだった。リスクマネジメントの基本のような事件を目の当たりにし、企業活動とは本来どうあるべきか、その一端を学ばせていただいた貴重な出来事だった。経営者は、あるときには自分の立場・名誉・財産すべてを捨ててもよいという覚悟を持っていなければ、こんな重大なリスクを回避することはできなかったのだ。

そんなストーリーのある福岡ドームである。当初成績不振で過激なファンから生卵を投げつけられたりした時期もあった福岡ダイエーホークスも、その後小久保裕紀や井口資仁といった青山学院大学勢の加入もあり日本一の座を獲得した。そして、その後引き継がれた福岡ソフトバンクホークスも大活躍で地元にとってはなくてはならない存在になっている。プロジェクトのスタート時点では地元の出資は一切得られず、ダイエーが独力で完成までこぎつけた福岡ドームであったが、今や日本で唯一、世界でも二つだけの大変貴重な本格的な開閉式ドームスタジアムとなっている。まさに、福岡市のランドマーク、宝と言っても過言ではないくらいだ。中内さんは亡くなったが、福岡にドームを残した。福岡経済の活性化に多大なる貢献をした中内さんの功績は、もっともっと評価されてしかるべきだと思うのである。

13　ハワイ大好き

日本人でハワイを毛嫌いする人はほとんどいない。中内さんも、〝ハワイフリーク〟の一人である。だって、渡航回数は数え切れないほどであり、投資金額も一〇〇〇億円を超えているのだ。ホノルル空港に降り立ったときのあの甘い香り、そしてやしの葉が貿易風にたなびき、潮騒の音がゆっくりと寄せては返す。まさに〝地上の楽園〟と描写されるにふさわしいところだ。元ダイエーＵＳＡの社長で今でもハワイ在住の愛甲さんは「中内さんをハワイに住ませなさい。寿命が一〇年延びることは絶対保証するから」と再三言っておられた。

ハワイへの投資は一九七二年、第一号店「パールリッジ店」オープンに始まる。最初は、何を売ってよいのやらわからず、ハワイではめったに見かけない自転車を品揃えしたりして試行錯誤を繰り返していた。しかし、ハワイが大好きで、現地でのビジネスに手応えも感じ始めた中内さんは大型投資を決行する。それは一九八二年のアラモアナショッピングセンター（正式名：アラモアナセンター）の買収である。

アラモアナセンターの開業は古く、一九五〇年代にまで遡る。当時、蚊が飛び交う湿地帯でアヒルの養殖などが行われていた場所を、ディベロッパーであるウォルター・F・ディリンハム氏が取得した。その沼地はサンゴで埋め立てられ、息子のロウウェル・ディリンハム氏も加わって一九五七年に着工した。そして一九五九年八月一三日、シアーズをアンカーテナントとし、東急グループの白木屋を含む八〇店舗が入店する売り場面積約二万四〇〇〇坪の全米最大のショッピングセンターとして華々しくグランドオープンした。

ちなみに、一九五九年はハワイ州がアメリカ合衆国五〇番目の州として認定された記念すべき年でもある。その後、増床を重ねて現在ではメイシーズ、ニーマンマーカス、ノードストロームなどの全米指折りの百貨店から、一五〇〇席を誇る巨大フードコート「マカイ・マーケット」まで二九〇店舗が入店するまでになった。年間来場者数は五六〇〇万人（東京ディズニーリゾートの来場者数が二五〇〇万人余りということを考えると、この数字の凄さがわかる！）を数え、売上高も全米トップ3に常に入る、押しも押されもしない世界トップクラスのショッピングセンターとして成長してきた。もし「世界中どこかのショッピングセンターを自分ものにしていいよ」と言われたら、わたしは躊躇なく「アラモアナセンターをいただきます！」と答える、それほど胸の躍る物件なのだ。

ダイエーが投資した一九八二年当時はまだニーマンマーカスとノードストロームは入店していなかったが大規模な増床計画はすでにあり、そのポテンシャルの大きさは将来性を期待させるに余りあるものであった。ダイエーは二億ドル（当時の為替レートは一ドル約二五〇円だったため、円ベースでは約五〇〇億円にのぼる巨額投資だった）を投じて、六〇％の持分を取得し米国の生命保険会社エクイタブル（四〇％の持分）とジョイントベンチャーを組成した。ここまでの話を聞くと大部分の人は、アラモアナセンターはダイエーのものだと認識することだろう。

しかし、実際は違った。ジョイントベンチャー・アグリーメントには「ジェネラルパートナー」と「リミテッドパートナー」が規定されており、エクイタブルがジェネラルパートナー、ダイエーはリミテッドパートナーだったのである。その違いは、経営権があるかないかという重大なものだ。大規模な改装投資やアンカーテナントの誘致などはジェネラルパートナーに権利があり、ダイエーは単に六〇％分の配当を受け取るだけの存在だったのだ。何という甘い契約！　五〇〇億円もの巨額の投資をしていながら、重要な経営の意思決定に参画できないとは。この実態が白日のもとにさらされたら、バブル期に日本企業が投資に失敗したロックフェラーセンターなどと並び称される「ミゼラブルな案件」として歴史にその名を刻まれていたことだろう。何という恥辱！　中内さんは、このことを六〇％出資時に知っていたと思うが、投資から一〇年以上経過した一九九四年のある日、中内さんに呼ばれた。

「君知ってたか？　アラモアナはダイエーのもんやと思ってたら違うらしいなあ。六〇％の持分を大枚五〇〇億円はたいて買うたはずやったが、経営権はエクイタブルにあるらしいで。僕は今の今までそんなことは聞いてなかったで。経営の主導権が握れないのであれば意味がないわなあ。ダイエーの持分六〇％をエクイタブルに買うてもらって、その金で西海岸のスーパーで有名なラルフを買おかと思てるんや」と言い出した。

しかし、このときの中内さんの真意は、ラルフを買いたいというよりもアラモアナの経営権を取ってこいというものだと、わたしなりに解釈した。それでわたしはハワイの愛甲さんと顧問弁護士ロドニー・フジヤマに相談し、エクイタブルの持分を取得するための突破口はないものか、電話と書類ベースで何度も議論した。ロドニーの弁護士事務所はもともとロドニーの父親ウォーレス・フジヤマが開いたもので、このウォーレス・フジヤマが中内さんとウマが合い、パールリッジ店オープン当初から現地でダイエーのお世話をしてくれていた経緯がある。警察官から弁護士に転身した苦労人でやり手だった父親とは対照的にロドニーは人柄のよい温厚な弁護士だった。このロドニーに強行突破できるパワーがあるのだろうか、少し心配ではあったが、しばらくして愛甲さんから「一度ハワイまで来て、とことんやりましょう」という提案があり、現地に飛んだ。

現地でロドニーと下打ち合わせをしてくれていた愛甲さんが空港まで来てくれた。車中で「打開策がありそうだよ」と、可能性を示唆された。程なくしてフジヤマ事務所に到着し早速ミーティングが開かれた。ロドニーに紹介された担当弁護士のグレン・サトウは見るからに強面で、ロドニーの父親のカルチャーを受け継いでいるかのようだった。そして、エクイタブルをジョイントベンチャー・アグリーメント違反で告訴すべきだと強烈にリコメンドしてきた。これじゃあ、名前の通りハワイの〝グレン隊〟だなあと心の中で思ったが、次の日もグレンの話をじっくりと聞いてみると確かにいけそうな気がしてきた。

確かにエクイタブルのバランスシートからアラモアナセンターの持分が消えているのである。ジョイントベンチャー・アグリーメントによると、持分を売却するときにはジョイントベンチャーのパートナーの了解を最初に取ることが規定されていた。これをファースト・リフューザル・ライトといいM&Aに携わる者であれば今では誰でも知っているが、このとき初めて知った。確かにダイエーは、エクイタブルから持分を売却するので買いませんかという打診を受けたとは聞いていない。告訴すれば、勝てそうだという手ごたえをもって帰国し、中内さんのもとに直行した。

話を聞いた中内さんは、ひと言「よし、やれ」と。但し、「確か、ジョイントベンチャーのダイエー側の会社の社長は僕がやってたんとちゃうか？　訴訟するんやったら、君が社長になって君の名前でやってくれるか？」との指示が出た。体を張って取り組む決意をしていたわたしは何の違和感もなくそれを引き受け、手続きに入った。社長に就任し、グレンが作成した告訴書類にサインして、エクイタブルに送りつけたのだ。しばらく、何の音沙汰もなかったが、一ヶ月ほどしてエクイタブルのジャンレットCEOからレターが来た。「わたしは大の親日家で、天皇陛下がアメリカ合衆国に来られたときには、わたしが米国各地でコレクションしているオールドハウスで休憩していただいております。今回ダイエー様から謀らずも告訴されるに至りましたが、ここで日本の企業と事を構える気持ちはありません。近々、日本のカルチャーを理解することのできる当社のCFO以下三名を遣わしますので、当社の持分をお譲りするための条件を詰めさせていただければ幸いです」というような内容の大変丁重なものであった。

意外な展開にびっくりしながらも、正直なところホッとした気持ちもあった。というのも、このような法的手続きに入るわけだから、いやがる法務部門を無理やり説き伏せた経緯がある。また、現地法人の社長を代えるため人事にもしっかり説明しなければならない。しかも、これは三桁の億円を要すると想定される案件ゆえ、財務経理との下話も不可欠だった。皆、やりたくないというのが本音で、日常業務に波風を立ててくれるなということである。そんな事前の難しいやり取りを経ていたため、この手紙を受け取ったときは一つのハードルを越えたという感があった。すぐに受け入れる旨の手紙を返したのは言うまでもない。

返信してから二週間ほど後に来日したエクイタブルのメンバーを迎え、初期的な条件交渉が始まった。エクイタブルCFOのジェリー・ディ・セントペア氏はワインに造詣が深いフランス系アメリカ人で、確かに日本でのビジネス経験もあるようだった。なぜなら、行きつけのフランス料理店が広尾にあり、早速わたしをそこに連れて行ってくれた。「プチ・ポワン」というホテルオークラ出身の北岡シェフが経営するクオリティの高いフレンチである。残念ながら後日この店は北岡さんの引退とともに閉店してしまったが、ここで同行のフランク・ビームと韓国系アメリカ人ユール・リー（この人は日本語ができ、古い日本のことわざを交えて大変興味深い話をする面白い人物）を含め、四人で毎晩会食を重ねた。ジェリーさんの選んだ高級ワインを飲みながら。交渉というより親睦会で、互いを知るよい機会となった。

そしていよいよ本格交渉のタイミングとなった。一九九四年一一月一日、実はわたしの誕生日であったが、その日ホノルルにてＬＯＩ（基本合意書）を締結し両社にアドバイザーをつけて本格交渉が始まったのである。余談になるが、ホノルルに飛び立つ夜、成田空港のサクララウンジでゴールドマンサックスの槇原純さんとバッタリ出会った。槇原さんはお父様が商社勤務だった関係で、人生の多くを英米で過ごされた方だ。日本語よりも英語が得意と言っても過言ではない（ちなみにお父様は三菱商事の槇原稔元社長）。

その日槇原さんは、ホノルル経由でロサンゼルスに行くとのことだった。「恩地さんは、ホノルルは休暇ですか？」と質問されて、「実は」と案件を打ち明けた。槇原さんは「成功をお祈りしていますよ」と言ってくださり、握手をして別れた。案件を聞いて、普通だったら「うちをアドバイザーに雇ってください」とでも言いそうなものだが、槇原さんは育ちの良い紳士だった。これっぽっちも営業の顔は出さず、「ビッグディールですね。頑張ってください」と純粋に励ましてくれた。

これもご縁だと思い、ダイエー側のアドバイザーはゴールドマンサックスを指名した。エクイタブル側のアドバイザーはＪＰモルガンと決まり、交渉が始まった。会計、法務、エンジニアリングのデューディリジェンスを走らせながら、条件交渉はハードを極めた。ニューヨークで連日夜中まで交渉し、エクイタブルのセッティングで深夜一二時半からステーキハウスで三〇〇グラムのステーキを食べ、翌日朝八時からドーナツを頬張りながら交渉再開ということもあった。

時差ぼけや胸焼け、慣れない英語でのエンドレスの交渉。中内さんが、当時非常に難しかった牛肉の品揃えを実現するために、食肉業者の指定で冷凍庫で寒さをこらえながら価格交渉をしたのを思い出し、このアメリカ流のサバイバルゲームには絶対に負けられないと気力を振り絞った。東京—ホノルルの移動、東京—ニューヨークの移動、さらには日本時間夜中三時の東京—ホノルル—ニューヨークのカンファレンスコール（電話会議）を繰り返し、ようやく年明け一九九五年一月初旬には譲渡価格が三・五億ドルと決まり売買契約書の内容も確定した。

そして、いよいよ契約書にサインという直前に阪神淡路大震災が起きた。中内さんは神戸に飛んで陣頭指揮を執り、食料品の供給を継続するために力を注ぐ一方で、アラモアナ買収の契約については「国際的な約束事は反故にできない」と述べて、わたしに予定通りハワイに行って売買契約書にサインするように指示したのである。会社が大変な状況の中、後ろ髪をひかれるような思いでハワイに飛び、サインをした。譲渡実行日（クロージング）は、神戸の騒動もそろそろ収まっているかと想定される一ヶ月後に設定した。例によって、そのときもハワイのハレクラニホテルのメインダイニング「ラ・メール」でワインを傾けながらエクイタブルの三人と食事をした。

しかし、そのときに仰天するような事実をリーさんから打ち明けられたのだ。実は彼は一九八二年にダイエーとエクイタブルでジョイントベンチャーを組成したときの担当者で、中内さんとも顔見知りだった。そして、エクイタブルがアラモアナの持分を今で言う証券化する際に、ジョイントベンチャー・アグリーメントに沿って、口頭ではあるが中内さんのところにちゃんと報告に行っていたのだ。本当は、ダイエーから告訴されても痛くも痒くもなく、逆に告訴し返すネタもあったということだった。リーさんから「恩地さん、成り行き次第ではあなたはひょっとしてジェイル（監獄）に入っていたかもね」なんて言われてウィンクされたが、こちらは膝が震えるほどびっくりした。中内さんは確かあのとき「君がジョイントベンチャーの会社の社長になって、対応せよ」とおっしゃった。ははあ、知っててやらせていたのだ。道理で……。本当に恐ろしい人だ！

大きなご褒美もあった。契約からクロージングまでの間に円が一〇円上がったため、

1995年、ダイエーによるアラモアナショッピングセンターの経営権譲渡が確定し、エクイタブル側から贈られたアラモアナセンターのキーのレプリカ。

三〇億円以上を為替で得をした。本当に、何から何までラッキーなディールであった。

そしてクロージングの際にエクイタブルの三人からプレゼントをもらった。それは額縁に大きな鍵のレプリカが収められているものだった。怪訝な顔をしていると、リーさんが「アラモアナセンターのキーだよ。今日からあなたがアラモアナのオーナーだからね」と言ってくれた。アメリカ人一流のユーモアと温かさを感じるプレゼントに涙が出るほど感動した。

それにしても、あの神戸の大震災の翌日に「アラモアナの契約をしてこい。国際的な契約は守り抜く」と言い切った中内さんの決断力は大したものだ。あのとき、キャンセルした案件もあったが、アラモアナだけはやった。今もって語り草になっている中内さんの伝説的な震災対応だったが、一方で、事業の取り組みに関しても瞬時にしかも的確に、やるものとやらないものの仕分けをしたのだ。一九九五年初頭、中内さん、最後の輝きだったように思う。

14 リクルート〝事件〟——頭を掻きむしる江副さん

一九九二年、ちょうどゴールデンウィークの真っ只中、五月二日だったと記憶している。リクルートの創業者である江副浩正さんが中内さんを訪ねてきた。中内さんを訪ねてくる人は、まず秘書ブースに顔を見せ、それから応接室に案内されるように動線が設定されている。その日の江副さんは、髪の毛はボサボサ、両目は充血して真っ赤、そしてよろよろした足取りで入ってこられた。かつて、パーティーで颯爽と社交ダンスを踊っておられた姿を考えると、それは似ても似つかないご様子だった。中内さんの方はというと、このアポイントにはただならぬ臭いを感じ取っていたようだ。アポイントが入ったときから「何の用やろなあ」と何度もつぶやいていた。

江副さんは、東大の学生時代に東大新聞の広告取りのアルバイトをしていたが、相当腕利きのセールスマンだったようだ。どれくらい優秀かというと、当時大卒で大企業に入る初任給の三倍ぐらいのコミッション収入を得ていたようだ。それならこれを事業として立ち上げようということで一九六〇年「大学新聞広告社」を創業し、西新橋の森ビルの屋上の物置小屋で事業を開始した。空調もないトタン屋根の掘っ立て小屋に江副さんと彼の声がけで集まった仲間が数人、東大から早稲田・慶應・一橋と〝顧客〟を拡大していった。事業は順調に推移したが、江副さんは次なる可能性を求めて自前の就職情報誌を始めることにした。これが現在のリクルートのルーツだ。しかし、新規事業を始めるにあたり「資金不足」という問題に直面する。

そのタイミングだったと推察するが、江副さんは持ち前の営業力で中内さんのところに飛び込み出資を仰いだ。江副さんが当時のダイエーの本社があった西宮に来られたときのことを中内さんが回顧しておられたのを聞いたことがある。「なんか小柄な声の小さな人やなあ」というのが第一印象だったが、どこか「このまま断って帰せない何か」を持っていたそうだ。中内さんは、人を見る目があるのかないのか最後まで判断がつかなかったが、江副さんに関してはその目に狂いはなかった。その後リクルートは急成長し、売上二〇〇〇億円超・経常利益七〇〇億円もの会社にまで成長していた。中内さんと江副さんの関係はこのように歴史がある。

さらに加えると一九八三年、リクルートの創業二〇周年パーティーが東京と大阪で行われた。そのパーティーは江副さん演出の本当にきらびやかなもので、有名な声楽家が歌い、最後には江副さんが得意の社交ダンスを披露するというものだったことを覚えている。そのパーティーの大阪の主賓として壇上に上がって挨拶したのが中内さんだった。江副さんは、ああ見えても最初に〝井戸を掘った人〟を決して忘れていない。

その後、リクルートの子会社であったリクルートコスモスの上場前に、上場すれば値上がり確実なコスモス株が政界・官界にばら撒かれたのが「リクルート事件」である。江副さんは逮捕され有罪宣告を受けることになるが、時の内閣総理大臣竹下登氏の辞任にまで発展する大事件であった。実は、このとき中内さんも「コスモス株を買いませんか」と持ちかけられていた。中内さんは動物的な勘が働いたのか個人では購入することを断っている。そしてまもなくバブルが崩壊して、不動産ディベロッパーのリクルートコスモスとノンバンクのグループ会社ファースト・ファイナンスによる〝焦げ付き〟が大量に発生し、一兆四〇〇〇億円もの有利子負債が残ってしまった。江副さんとしては、自分は刑事被告人の身で動きが取れない。一方で、この負債を何とかしなければならないという思いがあった。支払利息だけでもかなりの金額に上るため、時間の猶予はない。誰かに自分の株を引き取ってもらう、すなわち事業を継承してもらう、もっと言うなら負債を引き継いでもらう必要があると考えられたのだろう。しかし、江副さんは本当に悩まれたと拝察する。自分が起こした事業から撤退するのだから。

さて、いよいよ面談が始まった。江副さんが頭を掻きむしりながらしゃべり始めた。

「わたしは現在、刑事被告人です。わたしが今後もリクルートのオーナーであり続けることは、これからのリクルートの発展を阻害する要因になることに間違いありません。ついては、わたしの持分約三四%四六〇億円で引き受けてもらえませんでしょうか？

四六〇億円というのは、従業員持株会で評価している価格です」という内容だった。

それに対して中内さんは、

「それは大変やなあ。とりあえず、株は預かっとこか？」と即座に答えた。

「ありがとうございます。それでは、これからどういうふうに進めていったらよろしいでしょうか？」と江副さん。

「そうやなあ。リクルートとダイエーの共通の取引銀行は三和銀行や。三和でどうですか。それでよければ渡辺頭取に仲介役を頼んでみましょう」という中内さんの言葉で面談は短く終わった。

江副さんをエレベーターホールまで見送って帰ってきた中内さんは、〝してやったり〟という顔でわたしの方を見た。「すぐ、三和の渡辺頭取に電話をつないでくれますか？」と指示をして、この件の仲介を渡辺頭取に頼んだ。

ダイエー社内にも極秘のプロジェクトチームができた。リーダーは、藤本敬三専務。当時まだ四〇代後半だったと思うが、ダイエーのM＆Aに数多く携わってきた長身痩躯のカッコいい役員だ。事務局はわたしが勤め、宮島さんが進捗をスーパーバイズするという布陣だ。程なくして三和銀行を通じて入手した資料をもとに、わたしはリクルートの実態について初期的に分析した。すると、バブル期の不動産やノンバンク事業の失敗でグループトータルで一兆数千億円の有利子負債があり、一方資産は実質一〇分の一程度のアンバランスな貸借対照表が明らかになった。しかしながら一方で年間五〇〇億円以上もの巨額の利益を計上する収益力もあり、一体この会社はどうなっているのか、貸借対照表はバツだが損益計算書はピカピカなのだ。この会社の評価は本当に難しかった。

中内さんに分析結果を説明し

「外見は絶世の美女かもしれませんが、中身は病魔に冒されて瀕死の状態に陥っているかもしれません。監査法人を入れて、四六〇億円からどれだけマイナスできるか精査させて

ください。ひょっとしたら四六〇億どころか、かなりマイナスの評価になるかもしれません」と申し出たところ、

「そんなもん、せんでええ。江副さんと四六〇億円で約束したんやから。ダイエーから何人役員を送り込めるかと、今後の両社の取組みについてリクルートと詰めといてくれ」とのお達し。何度かチャレンジしたが、結果は同じ「余計なことせんでもええ」とのこと。

仕方がない、株価評価のところはアンタッチャブルと捨て置いて、資本業務提携の契約書の詰めに入った。位田社長以下リクルートの役員も数名ジョインして、交渉が始まった。

リクルートとの交渉は帝国ホテルの一室で、その後三和銀行東京本店で深夜まで作戦会議という毎日が続いた。時間がかかったのは株のシェアと役員構成だった。ここは肝の部分でリクルートもなかなか折れない。株を持っているのが江副さんで〝ダイエーに株を売りたい〟、会社を経営しているのが位田さん以下の役員で〝ダイエーの傘下には入りたくない〟という〝ねじれ現象〟の中での交渉は落としどころが難しい。

結局、取得株数はダイエーが拒否権を有する三三・四%以上、ダイエーから送り込む役員は、リクルート本体・リクルートコスモス・ファーストファイナンスに各社二名ずつ（常勤1名・非常勤1名）となった。その他業務提携契約書の内容についてもほぼ合意し、

記者会見で発表するエックスデーを五月二一日、場所は帝国ホテルと決まった。
発表直前の数日は、「G8」(銀座八丁目のビル)と呼ばれていたリクルート本社の一室に缶詰になり記者会見の内容・Q&A等を両社広報担当役員と作成した。夜中の一時とか二時にリクルート本社を出る毎日だったが、ほとんどすべてのフロアで社員がまだ働いており、この会社の若々しい活力を感じた。また、本社裏口には帰宅する社員を乗せるべくタクシーがずらりと並んでおり、これがリクルートの日常であることがわかった。

いよいよ五月二一日早朝、出勤のため駅に向かった。当時は、毎朝六時に出社していた。それは、中内さんが田園調布に引っ越されたとき、同じく田園調布の住人であった帝国ホテルの犬丸社長が
「中内さん、田園調布は朝家を出る時間がちょっと遅れると、渋滞にひっかかって動きが取れなくなりますよ」とのアドバイスをされたのが原因だ。素直な中内さんは、「じゃあ、家を六時に出よう」と決められた。
車に乗った中内さんは、必ず会社に電話をしてくる。よって、中内さん直属のメンバーは六時出勤が決まったのだ。話がそれたが、とにかく毎朝している通り当時住んでいたJR大森駅から京浜東北線に飛び乗った。何気なく、となりのおじさんが読んでいる新聞を

見てびっくり仰天した。毎日新聞だったが、一面にでかでかと「ダイエー、リクルートを買収」の見出しが出ているのが目に飛び込んだのだ。すっぱ抜かれた！　という驚きと、誰がしゃべったんだ！　という苛立ちが同時に湧き起こった。それと、毎日新聞まで家で取っていませんよという思い（毎日さん、ごめんなさい）。しかし、通常はスクープ記事になるとしても事前に〝裏取り〟に記者が来るはずなのに、今回は全くそんな兆候もなかった。おかしいなあと思いつつも、そんなことを考えている時間はない。

会社に着いて、その朝大阪にいた中内さんに電話をし、善後策について協議した。まずは、できる限り早く記者会見ができるようにホテルの宴会場と関係者のスケジュールをおさえること。そして中内さんはすぐに帰京し、ホテルに直行することを決めた。午前六時半ごろのことであった。片っ端からホテルに電話をしたが、早朝のためまだ責任者が出社していないとのことで、宴会場をおさえることができない。ホテルオークラだけが、折り返し女性の方から電話をいただき、一番大きな宴会場を予約させてくれた。恐らく、毎日新聞の一面を見ていたのだろう。さすがオークラだ。

記者会見会場は、大勢の記者とカメラマンでごった返していた。ひな壇に座って買収を発表する中内さんの堂々たる姿と、会場の隅で悔し涙を流しているリクルートの社員というコントラストがあり、M&Aのドラマ性を実感した。そして発表を終え控え室に戻るときに、記者とカメラマンが一挙に中内さんのもとに押し寄せ、廊下に並んでいる「○○の間」と表示する行灯がばたばたと倒れていくのを見て、このディールの凄さを思い知った。控え室に戻った中内さんは、おもむろに「銀行に電話しよか」と財務担当役員に声をかけ、順番に「新聞でご承知とは思いますが、四六〇億円でリクルートを傘下に収めました。財務担当が説明に行きますので、よろしくお願いします」と資金調達の手配をした。

ひと騒動が終わり、広報担当役員に「お疲れ様でした。大変な記者会見でしたね。それにしても、誰が毎日新聞にしゃべったんでしょうねえ。」と尋ねた。「中内さんに決まってるだろ。こうして、一社にリークすることでニュースバリューを上げようとしてるんだ。しかも、○○の件は日経、××の件は読売というふうに、中内さんはちゃんと公平にリークしてるみたいだ。自分が〝犯人〟だとは絶対言わないけどね」なんと、マスコミのコントロールまで水面下でやっていたのか。毎日新聞のスクープ記事は、前日中内さんがいた大阪発だったそうなので、これはほぼ間違いない。ちなみに毎日新聞は、このスクープ記事でその年の新聞協会賞を受賞している。いやはや、今回も中内さんに振り回されて歴史的ビッグディールが終了したのだ。

後日談はまだある。江副さんが株を引き受けてほしいと頼みに来られたとき、中内さんは即座に「預かっとこか」と引き受けた。四六〇億円もの投資を、そんな簡単に引き受けてもよいものかと誰もが考えるところである。しかし、そのとき中内さんが即決していなかったら、江副さんはどうしていたか。七月の受け渡しのときに、株券を数えながら江副さんに質問した。「あのとき中内さんが躊躇していたら、どうされてたんですか？」江副さんの答えは「サントリーの佐治さんか、京セラの稲盛さんに話を持っていくつもりだった」ということだった。なんとリクルート株は、紙一重のところで他社に渡っていたかもしれなかったのだ。中内さんの即断即決が功を奏したといえる。歴史はこんなふうにして形作られていくのだと実感したものだ。

もうひとつの後日談。ダイエーの経営が大きく揺らぎ始めた平成10年あたりから、銀行の圧力が増し加わってきた。当然、資産売却をして有利子負債の削減を要求してくることになるが、その中にリクルート株が優先順位の一番に挙げられた。未上場株なので譲渡制限が付いており、リクルートの取締役会の決議が必要である。リクルートとしても、変な会社に株を持たれたくないという思いが強烈で、簡単には譲渡承認の決議はしない。そのためにオープンな入札のような形で買い手を探すことができず、価格が抑えられたと感じているが、結局リクルートの指定する会社に分散して売却された。しかし、このときとその後の取引で総額一五〇〇億円以上で売却できたと思われる。中内さんの即断即決が一〇〇〇億円以上の利益を生み出すことになったのである。あの評価の難しい買収時のリクルートの経営数値を精査しなかったのは、無視していたのか、はたまた瞬時に読み切っていたのか、今となってはわからない。ただ、この四六〇億円の投資が一〇〇〇億円以上のキャピタルゲインを得たという事実は、厳然と数字として残っている。当然、普通のサラリーマン経営者では実現できない。CEO、創業者、オーナー経営者である中内さんでなければ捻り出せなかったように思う。

15　頼まれたら弱い！——ヤオハンとのM&A

ヤオハンという会社があった。一世を風靡した小売チェーンである。ヤオハンは一九二九年、世界恐慌の年に静岡で八百屋として創業した。創業者の和田カツさんは、「おしん」のモデルになったといわれる苦労人だったが、急速に拡大したのはその長男和田一夫氏が社長に就いてからだ。和田さんは「生長の家」の熱心な信者で、この宗教の教義を社是に取り入れ、行動の原点としていた。そのためかどうかわからないが、ヤオハンの従業員の皆さんは、親切で人のためになろうという意識がより高かったように思われる。全盛期には売上高約五〇〇〇億円、世界一六ヶ国に店舗展開する小売りチェーンにまで発展した。一九九五年には上海の浦東地区に超大型百貨店「Ｎｅｘｔａｇｅ」を開業し、世界中から注目された。何といってもその売り場面積が当時ニューヨークのメイシーズに次ぐ世界第二位だったのである。

日本国内では、静岡県をドミナントエリアとしていたが、この静岡県に県外資本が出店することがいかに困難であったか、ダイエーの歴史を振り返るとわかる。ローソンでさえ、静岡出店第一号店オープンのときは、店の前に座り込みがあったと聞いている。それでダイエーは、M&Aでこの地域に乗り込むことになる。浜松のトーアや清水のシズオカヤなどがそれであるが、もともと不振チェーンを救済するM&Aであったため、拡大にも至らず静岡におけるプレゼンスを高めることはできていなかった。さて、和田一夫さんは前述の通りグローバルな視野を持った方で、香港に本社を構えてロンドンやニューヨークなど世界各地に出店したが、バブル崩壊後その積極策がたたってついに一九九六年に破綻寸前に追い込まれ、ご自身は会長に退いておられた。そのときに某証券会社を通じて、当時の社長で次男の和田晃昌氏がわたしのところにコンタクトしてきた。内容は、「静岡県に展開する大型店一六店舗をダイエーに買ってもらいたい」とのことだった。

ヤオハンにとっては、この売却によって得たキャッシュで銀行からの借入金を大幅に削減したいのだ。一方、ダイエーにとっては静岡県出店は悲願である。創業から数えて四〇年経過していたにもかかわらず、地元の反対で直営店舗の出店ができなかったエリアである。それが一気に一六店舗手に入るのである。これまでの小規模なインパクトのないM&Aではなく、あのヤオハンの立派な店舗群だ。また、大きな負債を抱えて倒産の危機に瀕しているヤオハン本体のスポンサーではなく、ダイエーが欲しい大型店舗のみの「事業譲渡」というスキームである。すぐに中内さんに報告した。「これはやらなあかん」中内さんが発した言葉はこのひとことだった。さあ、お互いのニーズは合致した。これは案件責任者としての面子にかけても是非ともやり遂げなければならない。しかし、この「悲願実現」の思いが大きな禍根を残すことになる。わたしの長いM&A人生の中で、大きな汚点となる案件になるのだ。

当時、ダイエーの業績はハイパーマート業態の不振もあり大きく低迷していた。わたしは中内さんに「ダイエーをやめて（旗艦店舗だけ残して半分は徐々に閉店）、ローソン・OMC（カード会社）・リクルート・オレンジページ・ホテル・外食・アラモアナショッピングセンター・球団ほかのグループ経営が二一世紀への生き残り策」と提言していた。中内さんからは「ダイエーを捨てるとは、君もいよいよ気が狂ったか」と言われたものだ。それほどダイエーの本業に危機感を感じていた。しかし、なんぼなんでも潰れかけているヤオハンよりはましだろうと思っていた。だから、「静岡出店」を一気に実現できるこの案件に取り組んだのだ。実際に、フーズラインをはじめとする商品部や店舗企画本部のメンバーと何度も静岡まで足を運び、検討を深めた。加えて、本社はもちろんのこと店舗ごとのデューデリジェンスも行った。その結果、ヤオハンの和田晃昌社長とは譲渡金額三〇〇億円で概ね合意することができた。

しかし、当時のダイエーには判断できる役員も少なくなっていたのだろう、なかなか意思決定ができない。商品部をはじめとするラインの長が「やらせてください！　必ず成功させてみせます」と言わないのだ。かといって、これはやめましょうとも言わない。そうなると、晩年の中内さんは「どうしたもんかなあ」と腕組みしてしまう。

かつての中内さんなら、全員が反対でも「やる」と言えた。「その方が成功確率が高い」と言い放つことができるぐらい自信があり、即決する迫力もあった。しかし今回は、業績が低迷している中での三〇〇億円の投資だ。グループトータルで一兆数千億円の借入金を背負っての追加融資に銀行は応じるだろうか。中内さんは迷っていた。しっかりした判断ができない中で、ヤオハン和田一夫会長から中内さんにアポイントが入った。「折り入って話があるので、会ってほしい」と。これは詰めの交渉か。帝国ホテルの一室をおさえ、そこで会う段取りとなった。

中内さんと二人で待っていると、和田会長が入ってこられた。さて、どんな話になるかと思う間もなく、和田さんは一目散に中内さんに走り寄りその足に抱きついて「日本一のダイエーさんにヤオハンの店舗を引き継いでもらえるのは本当に光栄です」と涙ながらに訴えた。虚をつかれた中内さんは「まあ和田さん、顔を上げてください。静岡出店はダイエーにとっても悲願ですから、ちゃんと引き継がせてもらいます」と言ってしまったのだ。条件がほぼ決まってから一ヶ月間、ああでもない、こうでもないと優柔不断に結論を先送りしてきた中内さんだったが、和田さんに直接面と向かって頼まれたら一瞬にして引き受けてしまった。頼まれたら本当に弱い！　それにしても、勝負を賭けた和田さんの迫力（迫真の演技力？）は凄かった。

その後、受け渡しの日が来た。ダイエーの会議室で銀行団立会いの下、数枚の小切手が用意された。これは銀行の〝指導〟である。まず一枚目を、わたしが和田晃昌社長に渡す。和田社長はそれをそのまま○○銀行に渡す。次の一枚、和田社長はこれも○○銀行にというふうに進んでいき、最後の一枚も○○銀行に渡った。ほとんどがダイエーが借入をしている銀行だ。何のことはない、買収金額は全額ヤオハンではなく銀行に渡っただけのことだった。もっと言い換えると、銀行の債権が危険なヤオハンから少しはましなダイエーにつけ代わっただけというディールだったのだ。

さて、いよいよ買収したヤオハンの店をダイエーがリニューアルして次々とオープンした。一ヶ月ほどしてそれらの店舗のひとつである沼津店を視察に行った。沼津駅からタクシーに乗って現地に向かったのだが、車中で運転手さんに「ヤオハンからダイエーに変わってどうですか?」と聞いてみた。すると意外な答えが返ってきた。「お客さん、ダイエーの方ですか? そしたら言わせてもらいますけどねえ、ひどいもんですよ」「え、何がひどいんですか?」「ここは沼津ですよ。皆、地場の魚を食べて生活しているんです。ところが、ダイエーの鯵の開きときたら、見たこともないような大きな鯵で、全然美味しくないですよ」と。確かに、ヤオハン時代は大・中・小と三種類の鯵の開きが品揃えされていたが、ダイエーはそれを撤去して、ダイエーのマーチャンダイジング商品であるバルト海で獲れた鯵に替えてしまっていたのだった。「For the customers」を標榜しながら、何ということか。その後、旧ヤオハン店舗の売上はヤオハン時代の七〇%まで落ち込むことになり、この買収は大失敗に終わった。

わたしはこれまで数多くのM&Aに関与してきた。しかし、これほどの大失敗はない。その原因は、ダイエーの本当の実力を見誤っていたということだ。当時のダイエーの経営は非常に難しい状況に陥りつつあったのは確かだ。既存店前年比が一〇〇%を超えるということは長期にわたってなかった。しかし、「いくらなんでも倒産の危機に直面しているヤオハンよりはましだろう、まさかヤオハンに負けるわけがない、ヤオハンの店がダイエーに変わったら絶対に良くなるはずだ」という思いが心の奥底にあった。

何という傲慢な態度だろうか。ダイエーにはダイエーの歴史があり、これまで日本のチェーンストアを先頭に立って引っ張ってきた自負がある。しかし、ヤオハンもここまで無為に過ごしてきたわけではないのだ。さまざまな創意工夫をし、試行錯誤を重ね、一時は一世を風靡するような会社にまで育ってきた事実を見逃すことはできない。ヤオハンが経営として弱ってしまった原因は何か？　しかし一方で店レベルで地域住民の支持を受けている商品やカルチャーがあるのではないか？　ダイエーがヤオハンを引き受けるにあたって、どのような取り組みをすれば最も高いパフォーマンスを実現できるのか？　このような謙虚な思考、行動が欠けていた。これはM&Aという難度の高い業務に取り組むにあたって、大きな教訓として身をもって経験したことである。

さて、大型店をダイエーに売却することによって借金三〇〇億円を返済したにもかかわらず、ヤオハンはその年の一〇月に会社更生法適用を沼津地方裁判所に申請し倒産した。追い討ちをかけるように、ヤオハンのスポンサーがイオングループに決定したというニュースが飛び込んできた。しかも、イオンは当面資本を入れずに商品供給で支援するとのこと。大型店舗をダイエーに売却したヤオハン店舗は、食品スーパーのみのチェーンとなっており、法的手続きに入って負債がカットされれば立て直しやすい業態だ。しかもしばらくは現金仕入れの生鮮食品の仕入れはできる。メーカー品であるグロサリー商品ぐらいはイオングループの支援を受ければ何とかやっていけるのだ。三〇〇億円を投じて大赤字になってしまったダイエーと、タダで収益店舗を手に入れたイオン。GMS（総合スーパー）からSM（食品スーパー）へ潮目が変わる！　その後の流通業界の方向性を暗示するような展開だった。

もうひとつ、頼まれて禍根を残した案件がある。それは忠実屋の買収だ。ヤオハン案件よりも数年前のバブル華やかなりし頃だった。当時、新興の不動産会社が大きな動きをしていた。その頭文字をとってAIDSと言われたのが、麻布不動産の渡辺喜太郎氏、イ・アイ・イの高橋治則氏、第一不動産の佐藤行雄氏。高橋氏などはプライベートジェットで世界を駆け巡って不動産を買いまくった。ニューヨーク五番街のティファニー本店のビルは第一不動産が買収して、日本のバブルの象徴的な物件となった。麻布自動車もホノルルのハイアットリージェンシー等を買収してこの〝仲間〟に加わった。さて最後の「S」は、東京に本社があった秀和という会社だ。ダイエーが東京で浜松町オフィスセンターとして入居していたビル（通称「軍艦ビル」）のオーナーだった。社長の小林茂氏は、不動産とともにどういうわけか流通各社の株を買い占めた。「流通再編を目指す」と言いつつ、「卵一パック売って何円の儲けなどというのには興味がない」と嘯いていたものだ。全くその真意がどこにあったのか、いまだに謎である。やがてバブルがはじけ、ＡＩＤＳ各社は苦境に立った。秀和の小林社長は、中内さんに支援を求め、ダイエーは「軍艦ビル」を担保に一二〇〇億円を貸し付けた。

ところで、秀和が買い占めた流通各社の株はどうなったのか。長崎屋、カスミと次々と整理していったが、最後に忠実屋、いなげや、松坂屋の三銘柄が残った。ダイエーとしては一二〇〇億円の貸付との相殺で、この三社のどれかを取るか軍艦ビルを取るかという選択肢となった。こうした状況と相前後して、買い占められていた忠実屋の高木社長が中内さんに水面下で接触してきた。わたしはその現場は見ていない。しかし、高木社長が中内さんに「助けてください」とすがりついたことは想像に難くない。

一方で、当時の中内さんはひとつの大きな悩み事を抱えていた。それはイトーヨーカドーグループが、破綻して法的手続きに入った米国のセブンイレブンのスポンサーになることを決定したため、グループトータルの売上高がダイエーを追い抜くのではないかと思われる状況になっていたことだ。長年、リーディングカンパニーとして業界に君臨してきたダイエーが、イトーヨーカドーグループにトップの座を譲るのか。〝一番主義〟の中内さんにとっては耐えられない展開である。

中内さんを弁護するわけではないが、中内さんは何もトップにいることで大きな満足感を得たいという浅薄な人ではなかった。中内さんはリーディングカンパニーだからこそ可能になることがあると考えていた。例えば、メーカーや問屋との仕入れ交渉の際に、最も良い条件で取引ができる。ひいては、そのメリットを消費者に還元できるというものだ。さらに、流通業界を代表して規制緩和等自由な経済活動を阻害する仕組みを打破する先頭に立てると信じていた。

それで、軍艦ビルを取ることは選択肢から早々に消えたが、他の選択肢——すなわち忠実屋・いなげや・松坂屋の中からどれをダイエーグループとして取り込むかについて、中内さんは売上高の一番大きい忠実屋を取ろうとした。わたしは、当時すでに翳りが見え始めていたGMS（総合スーパー）よりも手堅いSM（食品スーパー）のいなげやを取るべきと主張していた。すでに傘下に収めていた埼玉・東京中心のSMチェーンであるマルエツと、西東京に店舗展開するいなげやで、関東平野を制覇する構想だ。しかし、中内さんは結局忠実屋を選び、反対意見を持っていたわたしはこのプロジェクトから外された。恐らく中内さんは忠実屋の高木さんから頼まれて、「やりましょう」と約束していたのだろう。

それに加えて、リーディングカンパニーとしてのポジション死守という課題が大きく影響した。結局ダイエーは忠実屋を買収することになるが、このディールの後始末は大変なコストと労力がかかってしまった。ダイエーと忠実屋は同じ業態であるため、商品部のバイヤーもソフト・フーズ・ハードというフルラインがダブっている。当然間接部門も、人事・総務・経理……と同じ。さらに悪いことに、関東エリアで店舗のロケーションが重なっており、ある店などは道を隔ててダイエーと忠実屋が営業しているというところもあった。また、給与水準の違いもあり、高いダイエーに合わせざるを得なかった。本部人員の削減・店舗のスクラップ・給与調整等でコストばかりが膨らみ、肝心の経営の観点からすると大きなマイナスを被った案件となってしまった。

M&Aは理念や動機が重要であり、そろばん勘定とのバランスも必要だということを痛いほど思い知らされた。また、このあたりから中内さんの直感にも翳りが見えてきた感がある。いずれにしても、忠実屋案件がダイエーの屋台骨を大きく揺るがしたことは間違いない。

16　中内さん初の黒字事業売却

「手に入れたものは絶対に離さない」というのが中内さんである。ドキュメンタリー作家である佐野眞一さんはその著書『カリスマ』の中で「中内ダイエーの産業再生機構入りとは、中内が握って放さないものを、国家が腕ごと切り落としたすざまじい瞬間だった」と強烈な表現で記しているが、あながち外れてはいない。とにかく中内さんに「売り」を決断させるのは至難の業なのだ。

そんな中内さんが、黒字の事業を売却した。一九九八年、消費者金融のディックファイナンスである。そもそもダイエーが消費者金融を始めたのではなく、ダイエーの関連会社が消費者金融会社に融資をし、それが焦げ付いたために会社ごと引き取ったという経緯がある。しかたなく始めた事業であったが、その後のサラ金ブームに乗って業績が改善し融資残高一五〇〇億円にまで成長した。

当時ロードサイドには、コンビニ、牛丼屋、ハンバーガー屋に並んで武富士・プロミス・レイク・アコムなどの無人店舗が軒を連ねるというのが定型パターンだった。それぐらい消費者金融は裾野を広げていたのだ。しかし、一方で「サラ金地獄」という言葉に象徴されるように、高い金利に返済がついていけず自殺者が続出する事態も生じ、社会問題化していたのも事実である。「より豊かな社会を」というスローガンを標榜するダイエーとしては、〝高利貸し〟で儲けるという選択肢はないのではないかと考え、わたしは中内さんに売却を提言した。予想通り簡単に「よっしゃ」というわけにはいかない。その思いを共有する住友銀行からダイエーの顧問としてお迎えしていたS氏が中内さんの説得にあたってくれた。

しかし、M&Aには人が絡むセンシティブな側面がある。中内さんとしては理屈では理解できても、義理人情の世界で割り切れない。ディックファイナンスをここまで成長させた従業員に申し訳ないという思いがあったのだろう、中内さんはディックファイナンスの中興の祖ともいうべき羽原会長に普通以上の気をつかって、何度も食事に連れていったほどだ。「せっかく黒字化した事業を売りたくない」という事業家としての執念もあった。こうした葛藤の中、一年以上かかってようやく中内さんから「売却ＯＫ」のゴーサインが出た。責任者は言い出しっぺのわたしである。

当然説得してくれたS顧問の関係から、住友銀行情報開発部に売却先の探索を依頼することになった。すぐに住友銀行はGEキャピタルを買い手としてノミネートしてきた。GEはあのトーマス・エジソンに由来するメーカーで、設けたお金をもとにGEキャピタルを設立しファイナンスや不動産事業をワールドワイドに展開していた。当時のGEのCEOジャック・ウェルチの名前は世界中に轟いていた。このビッグネームは「相手に取って不足なし」である。早速、秘密保持契約書を締結してディールが始まった。ダイエーは資料を開示し、GE側はバリュエーションに入った。そしてGEから、七五〇億円という価格が提示された。売却価格については、これほどの規模の消費者金融が取引されたことがなく、提示価格の良し悪しは即座にはわからなかったが、〝かなりの金額〟であることは間違いない。基本合意書を締結して、デューデリジェンスのプロセスに移行した。

米国コネチカット州のGE本社から一〇名を超える大部隊が来日した。ディックファイナンスを裸にして精査し、七五〇億円という価格が正しいかどうか調べるのだ。場合によっては、いろいろな〝いちゃもん〟をつけられて大幅に価格を下げてくるかもしれない。身を固くして結果を待っていたが、どうも作業を急いでいる様子が見えない。

ある日は成田でゴルフをしているというし、またあるときは調査と称して一日どこかに行っていることもあった。長々とデューデリをし、レポートが上がってくるまで一ヶ月以上かかるとのことで、GEキャピタルご一行は帰国した。しかし、なかなか最終の条件提示が出てこない。「これはかなりのディスカウントを要求してくるな」と直感的に思った。業績が思わしくないダイエーがなめられているのか、メインバンクの住友銀行が間に入っているので手に入れたも同然と考えているのかわからないが、足元を見てドスンと値下げ交渉がくることが予想された。

基本合意書で規定した独占交渉期間である三ヶ月が過ぎようとしていたある日、ゴールドマンサックスの持田さんから電話がかかってきた。あの甲高い声で「恩地さん、アソシエイツという会社があるんだけど、そこのCEOのヒューズってのが来日していて、ディックファイナンスを欲しいって聞かないんだよ。何とかならない？」と言ってきた。

ゴールドマンサックスというと、アラモアナセンターの案件で槇原さんをアドバイザーに指名して買収を成功させた実績もあり、長い付き合いで気心が知れている。持田さんは槇原さんとは対照的ないわゆる〝商売人〟で、本当に魅力的な人だ。話をしていても面白い。こんな話をしていたことを思い出す。実は自分は銀幕の世界で生きていこう（映画俳優になろう）と思っていたんだが、慶應のラグビー部にいたとき同志社との試合でタックルした拍子に鼻を蹴られ、鼻が顔の右の方に移動してしまった。本当はすぐに退場して病院に行けばよかったが、その試合に彼女が応援に来ていておめおめと引っ込めない。それでスタッフが火箸のような二本の棒を鼻の穴に突っ込んで「えいやっ！」とばかりに鼻を中心部に戻した。多量の血が出たので、あの大韓航空爆破事件の犯人である金賢姫が連行されるときのように顔をテープでぐるぐる巻きにしてフィールドに戻った。そのため、いまだに鼻が曲がったままで、銀幕デビューをあきらめたと。まあ、面白い人である。

わたしは持田さんに「九〇〇億円だったら売ってもええよ」と返した。中内さんの了解も取らずに独断で九〇〇億円のオファーをしたのも、GEに対する苛立ちがあったからだと思う。持田さんは一旦持ち帰ったが、すぐに「アソシエイツの国際担当副社長のウィルフレッド・ホリエに会って、価格の詰めをしよう」と連絡してきた。

持田さんのセッティングで、青山の浅田で交渉が始まった。ホリエ氏は日系のハワイ人で、アイクを日本に展開した実績がある。ユーモアのセンスに富んだ方だ。こちらの要求する九〇〇億円をそのまま丸呑みにしたら交渉責任者としてのホリエ氏の面子はない。しかし、九〇〇億円に大した根拠がない中で値切りようがないのも事実。なかなか進展しない交渉に、出口の見えない暗い雰囲気が流れていた。会食も終わりに近づきデザートが出るタイミングだった。ホリエ氏は最後のオファーとして「八八五億で握手しよう！」と満面の笑顔で言ってきた。

「な、何ですか？　それは」

するとホリエ氏「いやあ、考えたんだけどね。このディールでお互いハッピーになることを願って、ハッピー、ハッピー、GO！で八八五億。これで行きましょう！」とのこと。

「OK！　但し、デューデリであまり値切らないでね」と、わたしはニコッと笑って手を出した。持田さんも大きくうなずいた。基本合意成立の瞬間である。


翌日朝一番で中内さんに「GEは七五〇億円からかなり値切ってくると思われます。一方アソシエイツは昨日八八五億円で合意し、これからデューデリに入ってもらいますが、七五〇億円を下回るような大幅なディスカウントは要求してこないと思われます。つきましては、CEOから住友銀行の西川頭取に断りを入れていただきたいのですが……」と報告した。どのような反応になるか若干不安ではあったが、中内さんは「そら、一〇〇億以上儲かるんやからなあ」と笑顔で引き受けてくれた。その後詳細なデューデリが入ったが特段の不都合も発見されず、価格はそのままで譲渡契約を締結することができた。

こうして中内さん初の黒字事業売却が決まった。売却の大義名分とタフな交渉がこの案件を成立させたが、その後のアラモアナセンター、ローソン、リクルート、オレンジページなど、社会的存在意義があり収益性もあり成長性も十分見込まれる会社群を売却する局面では、わたしはダイエーを去っていた。これらを残してダイエーの不採算店舗を閉鎖する時間と資金的な支援をいただけていれば、ダイエーはグループとしてしっかり立ち直っていたと今でも確信している。

17　汚れた顔の天使――ワーナー事業

中内さんがチェーンストアを始めるきっかけとなった出来事のひとつに、「汚れた顔の天使」という映画があった。ハリウッドの名優ジェームズ・キャグニーが主演をしていた〝ギャング映画〟である。一九三八年ワーナーブラザーズによるこの作品は、神戸でいつごろ封切されたかわからないが、恐らく戦後のことであろう。その中で、キャグニーがドラッグストアのカウンターで何か清涼飲料水のようなものを飲む場面が出てきた。これが中内さんの脳裏に何気なく刻み込まれていたようだ。ドラッグストアのような小型小売店舗にソーダファウンテンという組み合わせは、中内さんがいつかやってやろうと温めていたものだった。一九八〇年代のローソンにおいて、中内さんはこの「ソーダファウンテン」という名称を日本で初めて用いてその構想を実現した。ジェームズ・キャグニー気取りで得意げにジンジャエールを注文する中内さんの顔が思い浮かぶ。今ではこの設備はないが、ファミリーレストランの「ドリンク・バー」などに継承されているといえる。

さて、話は銀座三丁目、中央通りに面するシャネルのビルに発展する。一体、ジェームズ・キャグニーとシャネルとどういう関係なのか、どう繋がるのか、訝られる向きもあるだろう。一九九〇年代に入ってダイエーはGMS業態に行き詰まりを感じ始めていた。様々な新業態を導入する動きがあったが、その中のひとつが中内さん肝いりで取り組んだ「ワーナーブラザーズ・スタジオ・ストア」であった。これは、わたしが取り組んだ事業の中でもヤオハン案件と並んで後日見事に失敗するのであるが、取り組み当初の意気込みは凄かった。一九九五年に日本法人をダイエー六六・七%・ワーナーブラザーズグループ三三・三%で設立した時、中内さんご夫妻とわたしはロサンゼルス郊外のバーバンクにあるワーナーブラザーズの本社に招かれた。

当時のワーナーブラザーズは、ボブ・デイリーとテリー・セメル（後のヤフーCEO）という二人（通称ボブ&テリー）が牛耳っており、この二人が我々をもてなしてくれた。ヘビーな昼食（美味しかったか？と言われると、「うーん……」と唸るしかないが）の後、ギャラリーに案内してもらったが、ボブがニコニコしながら近づいてきた。手にはアカデミー賞のときに渡されるオスカー像を持っていた。「これは〇〇年のアカデミー作品賞を取ったときのオスカー像で、まあオークションにかけたら数千万円はするだろう。持ってみますか?」」と言われれば、根が好奇心の塊である中内さん、断るはずもなくすぐに「イエス」」と答えて手にした。その途端、予想外にずっしりと重いオスカー像を危うく落としかけたため、まわりにいるお付きのワーナー社員があわてて中内さんを支えるというハプニングがあった。もちろんこれは中内さん一流のパフォーマンスだったが。その後わたしもオスカー像を握らせていただいたが、何とも言えない重みと感触があり「これは、映画関係者を虜にするわ!」」と思わずつぶやいてしまった。

こうして取り組みが始まったスタジオ・ストア事業だったが、フラッグシップ店を銀座に出すことになり、物件の探索が始まった。ちょうどそのころ、銀座三丁目の松屋デパートの向かいのカネボウビルが売りに出た。中央通りに面した物件など、滅多に出るものではない。仲介の三井信託銀行不動産部によると、この物件についてはカネボウさんの財務状況を鑑みるとともにかなりの買い手候補が見込まれるため、入札形式を採用するとのこと。ダイエーさんもよかったら入札に参加してもらえませんかとのアプローチがあった。まあ、「世界の中の一等地」であることは紛れもない事実ではあるが、そもそもワーナーの店を出すのに不動産を買うという発想はなかった。しかも、当時のダイエーは有利子負債の大きさが問題になってたこともあり、買収は難しいだろうというのがわたしの個人的な思いであった。それで、中内さんには報告したものの、「基本方針は〝賃借物件〟を探しますということで中内さんとのコンセンサスも得ていたと思っていた。

その後月日が経過し、スタジオストアも新宿駅前に第一号店を出店したりして、もう無理して銀座に出すこともないんじゃないかという気持ちになっていた。そんなある日、三井信託銀行不動産部の安藤部長が来社され、銀座のカネボウビルはエルメスが一〇五億円で買収することになりそうだという報告をして帰られた。これはかなりの値段だ。この物件は建物が古く、土地は二〇〇坪で、うち所有権が一二〇坪しかなく、あとは借地である。極端な言い方をすれば一坪当たり一億円近い金額だった。しかも、まだテナントが10軒入店したまま営業を続けており、追い出すのにどれくらいの金額が必要なのか見当がつかないのも大きな問題だった。「まあ、とても買えないな」というのが正直な印象だった。エルメス側のアドバイザーには三井不動産がついており、安藤部長としてもすんなりと決めたいが、念のためダイエーにも報告に来たということであった。わたしも〝念のため〟中内さんにその旨報告した。

ところが、やはり中内さんである。「なんでや」と。「あんな一等地はもう二度と出ないやろ。君は何でこんな貴重な物件を他社に取られるのをボーっと指をくわえて見てるねん。ちゃんと仕事せいや」と怒鳴られた。
「え〜、これやるんですか？」と思わず叫んでしまった。「当たり前やろ。〝一級品〟は何が何でも取っとかなあかん」と中内さん。リクルートもそうだったが、一級品、代替のきかないものは絶対的な価値があるというのが中内さんの価値観だ。これは荒業が必要な案件になった。

まず、三井信託銀行の安藤部長に「ダイエーも参戦するから」とストップをかけ、カネボウの窓口責任者をご紹介いただいた。お引き合わせいただいたカネボウ社長室長の石坂常務に対して、時間の余裕がなかったわたしは「是非、同じ値段であればダイエーにお譲りいただきたい。ダイエーとカネボウの関係は、ダイエーのアパレルのストアブランド『ロリーナ』を共同開発した当時からの歴史があり、現在でも年間取引額は〇〇億円にも上ります」と〝禁じ手〟である取引関係に言及して迫った。幸いにも石坂常務はジェントルマンで、笑みを浮かべながら「時間をかけて交渉しましょう」と言ってくださった。わたしの運がいいところは、このような窮地に立った時の交渉相手がいつも人格者だったことである。正直に言うが、わたしに実力があるということではなく、本当に運がいいのである。
その後、三井信託銀行から「エルメスが一一〇億円を出すと言っている」との情報が入ったため、ダイエーも一一〇億円で応じ、最終的にダイエーが落札することができた。エルメスについていた三井不動産のご担当は大室常務（当時）だったことを後年聞くに及んだ。わたしはダイエーを退社後レコフに転じて以来大室さんの部隊に本当にお世話になったが、このカネボウ事件はついに語ることができなかった。遅ればせながら、今ここではじめて告白する事実である。

一九九七年、ついにワーナーブラザーズ・スタジオストア銀座店のオープン日を迎えた。ワーナーブラザーズが企画したオープニングセレモニーは、スマップのメンバーが特別ゲストとして来店するという派手なもので、所管の築地警察署は「スマップは店内のみ許可する」との命令を出すほどだった。バットマンとキャットウーマンがショウを演じ、米軍の軍楽隊が米国国歌を子供たちの歌声とともに演奏し、オペラ歌手の林康子さんが君が代を朗々と歌い上げて華々しくオープンした。中内さんのところにもワーナーブラザーズからお祝いのメッセージを携えた〝使者〟が来日し、大きなプレゼントを中内さんに贈呈した。それは「汚れた顔の天使」のポスターであった。中内さんはちょっと照れながら謝意を述べ、その日以降中内さんの応接室にそのレトロなポスターが飾られることになった。

その後ワーナー事業は大失敗に終わったが、ダイエーの衰退とともにその物件（銀座の旧カネボウビル）は売りに出された。またカネボウのときと同じく入札が行われ、シャネルが何と一七五億円で落札した。売却益は六〇億円。「一等地、代替のきかない物件は絶対的な価値がある」という中内さんの目利きは本物だった。

18　戦争は絶対あかん

中内さんとはダイエーの経営していたスポーツクラブ「KOBE21C」のロッカルームで一緒に着替えたり、ゴルフ場や旅先で一緒にお風呂につかったりと〝裸のお付き合い〟も結構させてもらった。

そのときにはあまり気にも留めなかったが、あるとき「ちょっとここ触ってみ？」と右の二の腕のところを差し出された。恐る恐る触れてみると、肉が削げ落ちたような感じで普通ではない。「これなあ、フィリピンで最後に手榴弾で吹き飛ばされたときにやられたんや」と言われた。

ほかにも数ヶ所このような傷跡があるそうだ。中内さんは、第二次世界大戦でソ満国境やフィリピン戦線で軍曹として最前線で戦ったが、そこで多くの戦友を失った。「卑怯未練で生き残った自分が、どんな顔して靖国神社にお参りできるか。戦争だけは絶対にあかん」と常々言っておられたが、この右腕の傷跡は心の傷跡でもあった。

この切なる思いとつながるのが、一九八〇年の関西財界セミナーでの大事件である。わたしが秘書になる少し前の出来事だったが、某関西のオーナー企業の社長秘書から臨場感あふれる形でお聞きした。舞台は、京都の宝ヶ池にある国際会議場。当時、関西財界を牛耳っていたのは関西経済連合会（通称「関経連」）会長であり住友金属工業会長の日向方斎氏だった。まさに誰も逆らえない関西財界のドンである。その日向氏がその年のセミナーの基調をなす話をした際に、「日本は憲法を改正して防衛力を強化するべきである。ソ連を仮想敵国として位置づけ、まずは防衛費をGNPの一・九％まで引き上げること。そして、将来に向けて徴兵制度の導入を検討するべきである」と滔々と持論を展開した。

その直後のこと、「異議あり！」という声とともに中内さんが立ち上がった。当時若手経営者の部類に入る五八歳の中内さんである。一体、何が起きるのだろうか。戦争を再び起こすことはあってはならないという強烈な思いを持っている中内さんにとって、関経連会長であろうが天下の住友グループの基幹会社である住金の会長であろうが全く関係ない。一気にまくし立てた中内さんの気迫は凄かったと聞いている。

「日向さん、あなたの考えはおかしい。戦争したら、あなたの会社は軍需産業として儲かるでしょうが、一般市民はたまったもんじゃない。あなたの息子さんが戦争に行って戦死してもいいんですか？　日本は戦争ではなく、貿易を通じて東西の懸け橋になるべきだ」と真っ向から日向理論を否定したのだ。

　こんなことは前代未聞だろう。日向氏も色をなして反論したようだが、世論は中内さんの勇気に拍手を送った。その後も中内さんは関西財界セミナーに出席したが、だいたい初日だけで途中退席していた。中内さんはもともと内気でシャイな性格であるが、追い詰められると思いもよらない行動力を発揮する。しかし、爆発的に排出されたパワーは自然の性向とは正反対の方向であるため、後遺症もかなりのものだったのだろう。京都に行く車中で中内さんはいつもこの日向氏とのやり取りを思い出すらしく、「昭和初期の大恐慌のとき、失業者が街に溢れかえってたわなあ。その状況を一変させるために国は軍需産業に力を入れ、戦争に至るわけや。財閥は大儲けしたけど、国民は浮かばれんわ。こんなことを繰り返さんためにも、製造業中心の経済から生活者中心に変えんといかんわけや。小売業は一番儲からん事業やけど、こんな経験してるからしょうがないわなあ」としみじみ語っておられたものだ。

　ほぼ同時期にこんなこともあった。新しく経団連会長に就任した新日本製鉄会長の稲山嘉寛さんが記者会見で「設備投資が増えているのはスーパーなんかの第三次産業ばかり。

こうした投資は、消費を奪い合うための過剰投資であって国全体の利益にならない」と発言した。

これは看過できない！　悔しくて悔しくて仕方がなかった中内さんはすぐに記者会見を開いた。「『スーパーなんかの第三次産業』とはけしからん発言だ。時代の変化についていけない人が経団連の会長をやっているのは本当に残念なことである」と反論したのだ。

当時の経団連会長というのは〝財界総理〟と言われるほど、その存在は今とは比べものにならないくらい大きかった。その大物に噛みついたのだ。翌日の新聞各紙も中内さんを支持した。稲山さんにしてみれば、自分の業界が最も日本経済に貢献している。鉄は国家ナリだ。それに引き換え、スーパーなどは〝スーッと出てパーッと消える〟取るに足りない存在と思っておられたのだろう。中内さんの記者会見には面子をつぶされた思いだったに違いない。しかし、稲山さんはさすが大物である。その後、新しいものの見方で自分をサポートしてほしいと中内さんを「稲山顧問団」の一員に迎え入れたのである。これがきっかけで、中内さんは経団連広報委員長、副会長と登りつめていくことになる。やはり、勇気ある行動は人の心を動かすのだ。本当に励まされる出来事だった。

関西財界セミナーでの日向会長事件、そして経団連稲山会長事件は、わたしが秘書になる前の出来事で、後日多くの方々から〝事件〟の概要について臨場感あふれる形で聞き、また中内さんからしみじみとした〝昔話〟としてお聞きしたものだ。

わたしが、中内さんの戦争に対する思いを強烈に感じることができたのは、一九九六年ハワイのラナイ島での出来事だった。ダイエーは神戸のオリエンタルホテルを買収したこともあり、当時「オリエンタルホテル」ブランドでホテルを積極展開していた。「ラナイ島に素晴らしいリゾートホテルができた。全米リゾートホテルランキングで一位を獲得した『ロッジ・アット・コエレ』は是非見ておかれるとよい」との勧めを受けた中内さんは、当時事業開発担当の責任者だったわたしを連れてラナイ島に飛んだ。

森の木々に囲まれたオールドハワイアンという雰囲気で、各部屋にバトラーがつく贅沢なホテルだった。隣接するゴルフ場はグレッグ・ノーマン設計の〝丘陵コース〟で、これも素晴らしかった。最終日の夜に、ホテルのダイニングで食事をした。小さなステージが設えてあり、老齢の日系ハワイアンの歌手が大変味のあるギターの弾き語りをしていた。ハワイアンソングやポピュラーソングを歌っていたが、こちらに日本人がいることに気づくと、何やら(わたしの知らない)日本の歌を歌いはじめた。どうも戦争に関係のある歌のようで、中内さんの顔色がさっと変わった。中内さんは立ち上がるや、その歌を遮るように軍歌を歌い出したのだ。食事をしていた宿泊者が唖然とする中、最後まで歌い切った中内さんは、崩れ落ちるように席に倒れ込み号泣した。一体何が起きたのか？ 居合わせたホテルの従業員や宿泊客の面々は顔を見合わせて絶句した。中内さんはというと、泣きじゃくりながら「みんな死んでしもて、自分だけが生き残って……」と声を絞り出したあとは言葉にならなかった。南の島の森の中、薄暗い間接照明のダイニングというシチュエーションに、壮絶を極めたフィリピン戦線の記憶がよみがえったのか。「戦争だけは絶対にあかん。やったらあかん」この言葉は中内さんの原点であり、今でも耳に残っている。

19　中内学校

中内さんは、かつて三洋電機の創業者である井植歳男さんを囲む勉強会、通称「井植学校」の〝生徒〟だった。サントリーの佐治敬三さん、大和ハウス工業の石橋信夫さん、ダイキン工業の山田稔さんら、人一倍元気のよい関西若手経営者が二ヶ月に一回の割合で集まって、井植さんから教えを受けた。

その流れを汲んで神戸の二世経営者が中内さんから経営の極意を学ぶ機会となったのが「中内社長を囲む会――通称『中内学校』」である。UCC上島珈琲の上島達司さん・和田興産の和田憲昌さん・神戸眼鏡院の鳥越哲さんの三人が幹事となって、中内さんが亡くなる少し前まで開催されていた。この三人はお互いを「アップ（上島さん）、ワー坊（和田さん）トリやん（鳥越さん）」と呼び合う親しい中である。わたしも大阪でのかばん持ち時代、この会の事務局として幹事の方々と頻繁に打ち合わせをした。幹事役のお三方はもちろんのこと、メンバーの皆さんは全員中内さんのことが大好きで神戸の誇りと思っておられた。今から振り返ると、この中内学校は中内さんが唯一心からリラックスできる会だったと思う。特に何が良かったかというと、中内さんとメンバーの気心の知れたふれ合いである。これが最大のバリューだったと感じている。あるときなど、メンバーの一人であったお弁当の淡路屋の寺本滉さんの抱腹絶倒のスピーチに対して、講評するはずの中内さんが笑い転げてしまい、ついにしゃべることができなかったことがあった。こんな中内さんは見たことがない、中内学校は中内さんの心のふるさとだと感じた瞬間だった。

中内学校では面白い企画がなされ、いろいろなところに行った。例えば、浅草に行って最後の幇間（太鼓持ち）と言われた悠玄亭玉介師匠の「芸」を堪能したことがあった。この会は、中内学校のメンバーの中でいまだに語り草になっているが、どんなジャンルにも属さない特異なお座敷芸に初めて接したあのときの驚き、感動は忘れられない。

また、鬱蒼とした森の中に渓流が流れる大自然の中に所在する大正時代創業の甲陽園の老舗料亭「播半」での会。ここに辻調理師学校創立者の辻静雄先生を招いて、食文化について遅くまで議論を戦わせた夜も思い出深い。谷崎潤一郎の『細雪』にも登場する播半は残念ながら二〇〇五年に閉店した。中内さんが亡くなられた年である。ある年の新年会を大阪高麗橋の吉兆本店でしたこともあった。大変贅沢な新年会である。吉兆の文句なしの料理と素晴らしい器、そして女将さんとの会話を楽しんだ後、最後の〝お食事〟の番となった。普通の料亭であれば当時、ご飯と香の物と赤だしのような組み合わせで、ご飯が季節のものになったりするぐらいだったが、吉兆はさすがに違った。ご飯とともに出てきたのが、薄くスライスされたお刺身の数々！「どうぞ、ご飯に巻いて召し上がってください」というものだった。高級料亭ではコースの半ばでお刺身だけを食べることになるが、本音を言えば「美味しいご飯がここにあったらなあ」と思うものである（これはわたしだけでしょうか?）。あの吉兆が、コースの最後のメに鯛や平目の薄造りを白いご飯と一緒にどうぞというプレゼンをしたのだ。また、お櫃からよそわれたご飯の美味しかったこと！お客様のニーズにこたえる点でのお手本を見たような気がした。中内学校メンバー一同、拍手喝采であった。

晩年は、特定のメンバーが個人的に中内さんを食事に誘ったりして会話を楽しんでいた。鳥越さんはよく、中内さんを元町の「青葉」という老舗にうなぎを食べに連れて行ってくださった。ひとしきり食べ、しゃべってから、勘定の段になると中内さんが支払おうとして財布を出される。ところが、その財布の中身はいつも空っぽに近く、ときどき笑いながら「これで」と言って一ドル紙幣を出したりされたそうだ。財布の中が空に近いのは、わたしがかばん持ちをしていた一九八〇年代からひとつも変わっていなかった。あわてて支払ったのは鳥越さんだったのだろうと容易に想像がつく。「なんで俺が中内っつあんに毎回おごらなあかんねん」という鳥越さんの声が聞こえてきそうである。

中内さんが二〇〇五年に脳梗塞で倒れられたときに、病院に真っ先に駆けつけたのも中内学校のメンバーだった。鳥越さんの「中内っつあん、起きてえな！」という懸命の呼びかけに反応した中内さんは薄目を開いたそうだ。最後まで中内学校のメンバーとは心が通じ合っていたのだ。

20　生涯のライバル——堤清二さんとの共通点

中内さんほど競争を意識していた人はいない。「カット・スロート・コンペティション」という言葉に表れているように、中内さんの辞書にある「競争」はというと、運動会のように一位から六位まで並べるようなものではなく「勝つか負けるか、生きるか死ぬかの競争」だった。では、中内さんが生涯のライバルと見なしていたのは誰だったのだろうか。今となっては、流通業界はセブン&アイ・グループとイオングループが勢力を二分しているが、決してそれぞれの創業者である伊藤雅俊さんや岡田卓也さんが中内さんのライバルであったとは思えない。お二人とも確固たる信念を持って経営に当たられた大変立派な経営者であり、二〇〇五年の中内さん死去に伴う「偲ぶ会」では心温まるスピーチもいただいた。

だが、どうも違う。じゃあ、誰なんだというと、わたしは堤清二さんがそうだと確信している。どうしてそう言えるか。それは、生い立ちにおける共通点を挙げることができる。

二人とも父親からは必ずしも高い評価をされたわけではなかった。中内さんの場合、家業のサカエ薬局は次男の博さんが父親の跡を継ぎ、社長を務めていた。博さんは、幾度かお目にかかったことがあるが、大変温厚な紳士で、中内さんが受験に失敗した神戸商業大学（現・神戸大学）の卒業である。中内さんもサカエ薬局の取締役ではあったが、経営に関与することはなかったようだ。従業員からは「お兄さん」と呼ばれ、薬を安く仕入れるために全国を走り回るという役割だった。その後、独立してダイエーを設立し千林に第一号店を出店し、ここから一九七二年にあの三越を抜き小売業ナンバー1に躍り出ることになるのだ。一方の堤さんについては直接存じ上げないので、物の本に書かれていることを総合すると、出生の経緯はあったようだが父親の康次郎氏も中内家と同じように弟の堤義明さんに鉄道をはじめとする主要な事業を引き継がせた。兄の清二さんにはさして重要な事業とも思えなかった池袋の百貨店だけが渡されたとのことだ。堤清二さんも、この一店舗から事業を拡大して、義明さんが継いだ西武鉄道グループに対して西武流通グループを作り上げたのだ。本来後継者の地位にあったにもかかわらず、残念ながら父親の受けが悪く弟が家業を承継する結果になる。こうした事柄は、反骨精神のある中内さんや堤清二さんのような人にとっては「よ～し、やったるで！」と奮い立つ要素になるようだ。

また、二人とも理念や大義を重んじる人だった。中内さんについては、これまで縷々書き記してきた中からご理解いただけると思うが、堤さんについては最近こんなコメントを目にした。背景は、二〇一一年にパルコという会社の経営をめぐっての大騒動だった。そもそもパルコという業態を作ったのは堤さんだ。堤さん曰く「パルコ創業の思想は、単なる商業集積ではなく、テナントが集まって相互に啓発する。単独出店では採算が合わない店でも、集まって商圏を大きくすればそういう店を支持する顧客も出てくる。いかに個性的な店を見出せるか、その目利きと消費者に対する発信力がパルコの差別化要因で、大型店にはないきめ細かなノウハウがそこにある」と、その創業の理念を語っておられた。中内さんが生きていてダイエーが元気だったら、その理念を引き継いでさらに自分なりの思想をつぎ込んでパルコを経営したかっただろうなあと思う。事業面では二人はもの凄い形相で対決したが、心の奥底では通じるものがある間柄だったと思うのだ。

ダイエーと堤さん率いるセゾングループにまつわる逸話はいくつもある。例えば、札幌の老舗デパート「五番館」をめぐる争奪戦である。五番館は明治時代創業で、大正七（一九一八）年に丸井今井ができても、また昭和七（一九三二）年に札幌三越が開業しても経営が揺るがなかった地元密着型の百貨店である。オーナー社長は、現地の経営は番頭に任せて、自分は東京の麻布に住んでいた。グレイハウンドを何匹も飼っていて、老舗百貨店オーナーとして悠々自適の生活だ。しかしその後、時代が変遷し地方百貨店に翳りが見え始めた。オーナーとしては雲行きが怪しいことを察知し、グレイハウンドどころではなくなってきた。その間隙を突いてオーナーを陥落させたダイエーは、昭和五六（一九八一）年に五番館との業務提携を発表した。

しかし、将来の傘下入りも踏まえた資本の話し合いが行われる直前で白紙撤回されてしまうことになる。裏で交渉をしていた西武百貨店が五番館との資本業務提携を翌年に発表するという小説のような展開である。このとき堤さんは交渉を逆転するために、労働組合を動かしたりして外堀を埋めていったのだ。労働組合の突き上げを食ったひ弱なオーナーは、あっさりとダイエーとの提携を反故にしてしまった。あっと驚く逆転劇！　中内さんは、ものの見事に堤さんにひっくり返されたのである。

しかし、これは前年、ほぼ手中に収めつつあった関東圏に展開する有力食品スーパー「マルエツ」を、最後の最後でダイエーにさらわれた堤さんのリベンジだった。このいきさつはあまり表沙汰になっていないので、業界でも知らない人が多いが、実はマルエツと西武流通グループの基幹会社であった西友との間で基本合意書が交わされることがほぼ確定していた。しかし直前も直前、発表の数日前に、中内さんが割って入ってひっくり返したのだ。このときは、マルエツのオーナー家である高橋兄弟の意見の相違を突いての逆転劇だった。つまり、五番館で堤さんは溜飲を下げた格好になる。

店舗がらみで、こんなこともあった。ダイエーが西武グループの牙城である埼玉県所沢市に出店した時のことだ。店舗のオープンは一九八一年一一月であるが、それまでの両社のせめぎ合いがすごかった。数年前からダイエーは出店用地をおさえるべく、該当する区画の何軒かの地主と交渉していたが、ある日その土地のど真ん中に西武百貨店の寮と称した掘っ立て小屋ができた。露骨な妨害であり、ダイエーとしては計画していた店舗が作れなくなってしまった。しかし、中内さんは出店をあきらめない。その〝寮〟を取り囲むように、コの字型の建物に計画を変更し、開店にこぎつけたのだ。中内さんとしては、悔しさのあまり歯軋りするような出店だった。

だが、このまま引き下がらないのが中内さんだ。一九八五年にセゾングループは兵庫県尼崎市塚口に「つかしん」という大規模ショッピングセンターをオープンさせた。ここはもともとグンゼの工場跡で周辺の道路は商業施設用には整備されておらず、オープン当初は来店客の車で渋滞が続いていた。セゾングループが道路の拡幅を申請するという情報を入手した中内さんは早速指示を出した。「店の入り口に近い、進入路に面したところに空き地があるやろ。そこに大至急ローソンを建てろ」セゾングループにしてみれば、そこをローソンでふさがれてしまうと、もはやお手上げである。いくら手前を拡幅してもそこがボトルネックになり渋滞は解消しないのだ。

ここまでくると、中内さんと堤さんの関係も憎しみに満ちたものだったのではないかと思われるかもしれないが、決してそうではなかった。実は、傍目から見ても「良きライバル」として切磋琢磨する関係だったと観察している。ボクシングで言うと〝手に汗握る打撃戦〟だった。お互い日本全国を飛び回っていたので、空港でばったり出くわすことも度々であったが、にこやかに「やあ」と手をあげて挨拶していたものだ。やはり何か相通じるところがあったのだろうと推察する。ダイエーとセゾングループ、この二社が日本の流通業界を牽引したことは間違いない。今となっては両社とも他社の傘下に入ってしまったが、流通革命の旗印を掲げて突っ走ったことが、日本の消費者の生活レベルの向上に大きく寄与し、ひいては日本経済の発展に貢献したことは間違いない。中内さんと堤さんには、経営理念や哲学が明確にあり、また社会的な存在意義をベースに事業展開していたように思う。そして、「世の中をびっくりさせてやろう」というような心意気もあった。

今の時代、「企業価値の向上」「一株あたりの利益」などと、資本市場の視線を気にするあまり、経営のダイナミズムがどんどん失われていっている。当然、上場会社にはこうした事柄は重要で、これを押さえないと株主に対する説明責任が果たせないのは理解できるが、近年日本の経営者がリスクを取らずに縮こまってしまっているのは事実だ。晩年、中内さんが「上場せんといたらよかった」と再三ぼやいていたのは、こういうことだったのだろう。

サントリーや竹中工務店のように未上場のままやっていたら、ダイエーはどうなっていただろうか。かなりユニークで面白い存在になっていたのではないかと思うのは、わたしだけだろうか。ダイエーとセゾングループ、両社が中内さんと堤さんという強力なオーナーシップを持った未上場会社として競い合っていたら……。そして、二人が手を結ぶようなことがあったら……。夢は無限に広がっていく。

21　最期

二〇〇一年、中内さんはダイエーグループのすべての役職を退任した。「時代が変わった」という一言を残して。最後の株主総会では、非常に厳しい質問が相次ぎ、総会は二時間以上のロングランとなった。大荒れの総会の最中、中内さんは勇退の言葉を謝罪とともに述べ、壇上から降りようとした。役員の途中退場は聞いたことがない。会場は一瞬あっけにとられた。そのとき株主から「議長、これでは中内さんがあまりに寂しすぎる。拍手で送ってあげたい！」との声があがった。再び壇上に上がった中内さんに対して、満場の拍手が鳴りやまなかった。中内さんは、本当に愛されていたのだ。

そして二〇〇五年九月一九日。中内さんは亡くなられた。最後のご奉公で、中内さんの債務整理をさせていただいた直後のことであった。

詳しい経緯は控えるが、金融機関の債権放棄と刺し違える形で、中内さんはこつこつと買い増ししてきた全てのダイエー株式や大田区田園調布三丁目と芦屋市六麓荘町に所在する二軒のご自宅などの個人資産を売却することになった。ちなみにこの二か所は東西を代表する日本最高の住宅地であり、しかも中内さんのお宅はそのエリアでも紛れもない一等地に立っていた。

八月二六日、終の棲家として確保した渋谷区広尾にあるマンションの改装工事も完工間近となり、いよいよ芦屋の家の鍵を引き渡す日となった。中内さんから、ある重要な依頼を受けていたわたしは、その依頼を実現することができるようになった朗報を伝えるべくその日の夕方中内さんの携帯に電話をかけた。いつもなら、すぐに出られるか留守電になって折り返しかかってくるのだが、そのときは「電源を切っている」というアナウンスが流れた。嫌な予感が走った。実は、そのときすでに神戸の病院での定期検診後に倒れられていたのだ。

わたしの備忘録はここで途絶えている。その後、九月一九日の「亡くなられました」という一報、大阪市此花区の正蓮寺でのお葬式、赤坂プリンスホテルやホテルニューオータニでの偲ぶ会、さらには流通科学大学での学園葬などが続くが、すべてそれらは深い眠りについておられる中内さんで、あの「これは凄い、この出来事は書き留めておかねば」という中内CEOではない。わたしは、生きている中内さんを記憶に留めておきたい、その思いでこの備忘録を公開する。

おわりに

中内さんは「失敗者」なのか「成功者」なのか？　そんなことはどうでもよい。中内さんの人生を振り返ると、そんな価値観はほとんどなかった。

関心事は、第一にモノが豊富で選択できる本当に豊かで幸福な社会を「流通革命」によって実現すること、もうひとつは小売業というのはオーナー経営がベストで、そのオーナーシップを自分の代で確立し次世代に継承することだった。

「成功」とか「失敗」、「名誉」とか「地位」「資産」は二の次で、自分の信念を悩みながら迷いながらも貫いた、清々しい人生だったのではないかと拝察する。

絶頂期には、二〇〇〇億円を超える個人資産を有し、兵庫県芦屋市六麓荘町と東京都大田区田園調布三丁目という日本で最高の住宅地に居を構え、流通業界からは初の経団連副会長就任、そして最高位の勲章である勲一等瑞宝章を受章しながら、最終的に全資産を売却して銀行の債権放棄を受けるという形で人生の幕を閉じることになった。

「もっとうまい方法がある。わたしにまかせなさい」などと言って近づいてきた自称腕利きの弁護士もいた。しかし中内さんは最終的に、真っ当にすべてを清算する道を選んだ。わたしはこの清算のための銀行交渉や手続きに関与した。わたしも体を張ってこれを完遂したが、それ以上に中内さんはつらい思いをされたはずだ。ダイエー株はもちろんのこと、思い入れのある居宅や絵画など、ひとつひとつ万感の思いを込めながら売却の決済をしていかれた。本当に大きな葛藤があったことだろう。この最後の清い身の処し方を含めて、わたしは中内さんを「歴史上の人物」と呼びたい。

わたしが初めてダイエーの存在を認識したのは、一九六八年にオープンした茨木店だった。中学生の頃である。当時「ついに茨木にあのダイエーが来る」ということで、「いつオープンするのか」「シロ（近くにあった後のイオンの店）はやられるんとちゃうやろか?」等々、町全体が大きな興奮に包まれたと言っても過言ではなかった。

スーパー一店舗が進出するぐらいでこんな大騒ぎするなんて今となっては想像もつかないが、ダイエーという会社が如何にセンセーショナルに社会に登場していたかを物語るエピソードである。

オープンした茨木店はいつもレジ待ちの長蛇の列が売り場の端まででき、大繁盛。予想通り、競合店のシロは閉店に追い込まれた。過去三宮店で、あまりの混雑で肉のガラスケースが割れたという伝説は本当だったんだと、茨木市の住民は驚きとともに実感した。ダイエーの売り場には、「良い品をどんどん安く、より豊かな社会を」というスローガンや「消費者主権」といったポリシーが見事に体現されていた。単なる安売り店ではなく、ダイエーには消費者を捉えて離さない、高邁かつ皆で応援したくなる思想があった。こうして中内ダイエーは、日本の消費者とともに歩んできた。過去においても現在においても、このような小売業は存在しない。

経営企画本部長を拝命していた時期、ダイエーは経営難に陥っていた。中内さんに対して「もはやGMSの時代は終わりました。ダイエーをやめましょう。ダイエーの収益店・マルエツ・ローソン（小売り）、リクルート・オレンジページ（情報）、OMCカード（金融）、アラモアナセンター・OPA（商業施設）、外食…のグループ経営で21世紀に臨みましょう」と提案した。絶対にグループトータルで黒字になる確信があった。それに対して「君もとうとう気が狂ったんとちゃうか？　アホなこと言うな！」と一喝された。本当に腹が立つとともに、その後アラモアナセンターを皮切りに関連事業売却計画が実行に移されようとする過程で、わたしはダイエーを後にした。しかし今さらながら考えるに、中内さんが言われた通りである。わたしのような小者が、足し算引き算で帳尻合わせをしたような案は、損得勘定は後回しで「ダイエー＝流通革命」を旗印に創業以来走り続けてきた中内さんにとっては狂気の沙汰だったのかもしれない。「お前みたいな若造の言うことを聞いて、流通革命の旗を降ろせるか！」中内さんは、そう言いたかったのだ。

ひとつ言えることは、「中内さんは、死して人材を残した」ということである。流通業界のみならず、様々な業種・地域でダイエーの人材はコアメンバーとして働き、その企業に貢献している。また、数十億円という私財を寄付して設立した「流通科学大学」からは前途有望な若者が毎年社会に巣立っていっている。その意味では、まだまだ中内さんは人々の記憶の中に生き続けているのだ。

わたしは、中内さんをいたずらに讃えるつもりもなければ、これに見倣えという不遜な気持ちもない。ただ、かつてこんな語りつくせないほどユニークで魅力的な経営者がいたこと。そしてダイエーという、二度と現れることがないであろうダイナミックで面白おかしい会社を作り、この中内ダイエーが、日本の社会を大きく変化させ前進させた時期が確かにあったんだということを記録に残し、広く知っていただければそれでいい。そんな思いでこの書を記した次第である。

主要参考文献

『カリスマ　中内㓛とダイエーの「戦後」』佐野眞一（日経ＢＰ社）
追悼文集『革命戦士が遺したもの』（商業界）
『野火』大岡昇平（新潮社）
『ネアカ のびのび へこたれず…ダイエーグループ40年の歩み』（アシーネ）
『美味しんぼ』雁屋 哲（小学館）
『サンダカン八番娼館』山崎朋子（筑摩書房）
『戦後戦記　中内ダイエーと高度経済成長の時代』佐野眞一（平凡社）
『細雪』谷崎潤一郎（中央公論新社）

著者略歴

恩地祥光（おんじ・よしみつ）

1954年大阪市生まれ。同志社大学法学部卒業後、1977年に株式会社ダイエーに入社。中内㓛CEO秘書役・総合企画室長・経営企画本部長等を歴任。入社5年目、26歳のときに秘書室に着任。"かばん持ち"として4年間、CEOの間近で仕える。その後、専務に就任した長男・中内潤氏の秘書役を経て、経営企画の分野に異動。リクルートやハワイ・アラモアナショッピングセンター買収などの大型M&A案件、ローソンの上海進出などの事業開発案件を手がける。一方で、社内組織に初のカンパニー制を導入。また、ローソンをはじめとする関連会社の上場準備に中心的な役割を果たす。1998年、株式会社レコフ入社。2008年、COO・経営企画委員会メンバーを経て、2010年代表取締役社長に就任、現在に至る。

装丁：竹内雄二
写真撮影：鈴木愛子（カバー、P.121）
写真提供：毎日新聞社、産経新聞社

昭和のカリスマと呼ばれた男
中内㓛のかばん持ち

2013年9月8日　第1刷発行

◉著　者　恩地祥光
◉発行者　長坂嘉昭
◉発行所　株式会社プレジデント社
〒102-8641　東京都千代田区平河町2-16-1
平河町森タワー13階
電話：編集（03）3237-3732
販売（03）3237-3731
http://www.president.co.jp/

◉編集　岡本秀一
◉制作　関　結香
◉印刷・製本　図書印刷株式会社

ISBN978-4-8334-2059-4
Printed in Japan